OBRAS AÚN MAYORES

REINHARD BONNKE

OBRAS AÚN MAYORES

12 HISTORIAS DE LA VIDA REAL QUE TE INSPIRAN

A REALIZAR GRANDES PROEZAS PARA DIOS

Traducido por: Heriberto Hernández, Pastor
Revisión y Corrección: Lic. Mónica Navarro
Editor: S.K. Tomazsewski
Diseño de portada: Bill Chiaravalle (Brand Navigation, E.E.U.U.)

Publicado por:
E-R Productions LLC
P. O. Box 593647
Orlando, FL 32859
E.E.U.U.

www.e-r-productions.com

Impreso en Singapore

Índice

Prólogo

El privilegio de escribir un prólogo consiste en que el autor queda indefenso ante tus afirmaciones. Es por tal razón que me siento en libertad de expresar las siguientes palabras, con la plena certeza de que si mi amigo Reinhard Bonnke las leyera antes de imprimirlas, no las permitiría. Aquí está lo que tengo que decir, aunque el mismo evangelista no esté de acuerdo:

Honestamente, creo necesario reconocer que Reinhard Bonnke es el evangelista internacional de mayor alcance, así como el más dinámico y perspicaz en todo el mundo.

Las estadísticas, no sólo de millones de almas guiadas a Cristo durante el último cuarto del siglo anterior, sino también de las miles de iglesias que han nacido o se han expandido considerablemente con un crecimiento sorprendente, dan testimonio de la veracidad de mi afirmación.

Aunque creo con toda seguridad en la evaluación anterior, no la presento con el objetivo de establecer una competencia entre reputaciones diferentes, o para restarle importancia a los grandes logros de muchos otros notables líderes que el Espíritu Santo ha usado en la generación actual. Existe, no obstante, un logro inigualable de poder y gracia al demostrar, en el siglo XX y XXI, el poder que hubo en la iglesia primitiva, y que ha trazado un camino de fuego santo donde quiera que Reinhard ha estado, tanto en todo el continente africano como en otras fortalezas paganas del mundo.

No es mi intención exagerar ni halagarle, sino que he visto en gran manera el fuego del Espíritu de Dios obrando en las campañas de Reinhard Bonnke. También he escuchado suficientes reportes del fruto de la obra eterna de Dios teniendo lugar después de cada campaña. Por esta clase de fruto que perdura, nacido de un ministerio lleno de integridad, santidad y guiado por un sello de servicio desinteresado hacia los demás, es por lo que Jesús dijo que conoceríamos a los verdaderos siervos de Dios.

En este libro, el evangelista describe algunos milagros ocurridos durante sus campañas, algunas de las cuales han reunido a más de 1.000.000 de personas durante un solo servicio, resultando común que más de 100.000 vidas se confiesen a Cristo durante una sola reunión.

Mi sugerencia con respecto al carácter inigualable de Reinhard Bonnke en nuestro tiempo pudiera ser confrontada por algunos, lo cual entendería. Conozco a otros grandes y destacados líderes, algunos vivos y otros que ya han partido con el Señor, por lo que resulta difícil medir el trabajo de uno de ellos. Por tanto, sin la intención de elevar un ministerio por encima de los demás para darle fama, sino debido a los resultados en su proclamación del "Nombre de Jesús", Nombre que está por sobre todo nombre, te invito a que leas el libro que ahora tienes en tus manos.

No serás la misma persona después de leerlo, pues encontrarás testimonios de la obra del Espíritu Santo glorificando a Cristo en cada momento, transformando, sanando y liberando vidas para la gloria de nuestro Señor Jesucristo.

Dichos testimonios son narrados por un siervo de Dios. Creo que también a ti te gustará conocerlo y aprender por qué resulta tan eficaz guiando a las personas a un encuentro con nuestro Salvador, el Señor Jesucristo.

Jack W. Hayford, Rector
The King's Seminary (Seminario del Rey)
Los Ángeles, California

Introducción

Agentes de la omnipotencia

M i nombre es Reinhard Bonnke, y soy evangelista. Quizás hayas escuchado hablar acerca de mis campañas, o quizás no. De todos modos, quiero que permanezcas a mi lado.

Puede que no quieras hacerlo, o que no te guste la idea de que yo sea un evangelista, o que mi nombre te resulte extraño. Cuando hablo en inglés, a algunas personas no les agrada mi acento alemán. Quizás no estés de acuerdo con mi trasfondo cristiano. De todas maneras, deseo que te quedes a mi lado en un gran escenario al aire libre, mientras a nuestro alrededor se van reuniendo personas que vienen de todas direcciones.

Quiero que permanezcas tan cerca que pueda poner mi brazo sobre tu hombro y sientas la emoción que corre por mis venas. Debes permanecer tan cerca que puedas escuchar mi respiración, pues quiero que sepas con toda seguridad que soy tan humano como tú y que lo que me ha ocurrido a mí puede ocurrirte a ti también.

Por tal razón permanecemos juntos en este escenario. Esta noche vemos algo que quizás nadie haya visto en toda la historia del mundo. La multitud se ha reunido y al mirar hacia ella vemos un mar de rostros que llega hasta el horizonte. ¡Es una multitud de 1.600.000 personas!

¿Puedes imaginarte una multitud tan grande? No existe una iglesia o catedral con el tamaño suficiente para acoger tan sólo una fracción de ella. Ninguna ciudad en la tierra posee un estadio deportivo tan grande que pueda contener siquiera una pequeña porción de esta multitud. Las personas se encuentran reunidas en un amplio espacio abierto que forma un anfiteatro natural ante nosotros para que podamos verlas, y ellas a nosotros. No se encuentran sentadas, sino de pie.

Nos encontramos observando un número tres veces mayor que la cantidad de personas que asistieron al famoso festival de música Woodstock, en los Estados Unidos de América en 1969, el cual cambió a una generación. Pero esta multitud hace que Woodstock empequeñezca. Piensa en cómo cambiaría el mundo si todas estas personas vinieran a Jesús.

Para este encuentro, mi equipo ha trabajado durante varios meses preparando condiciones, montando los más modernos equipos de sonido con tecnología computarizada y dirigida por láser para que mi voz pueda alcanzar el lejano horizonte, de manera que pueda susurrar al micrófono y ser escuchado como si estuviera cara a cara frente a cada persona en esa masa humana ante nosotros. ¿Qué dirías si te diera el micrófono? ¿Qué dirías?

Comienzo a predicar: les digo a las personas que Dios les ama y que ha dado a su único hijo para que por su muerte ellos puedan tener vida eterna con Él. Luego, les pido que acepten a Jesús como su Salvador. ¿Te encuentras listo? *¡1.093.000 vidas que estaban perdidas responden al llamado!*

Esto realmente ocurrió en nuestra Campaña del Milenio en Lagos, Nigeria. Aquella noche, 1.093.000 personas repitieron la oración de confesión de fe y luego llenaron tarjetas confirmando que habían aceptado a Cristo y que deseaban recibir un seguimiento. Al final de los seis días que duró la celebración, contamos un total de 3.450.000 personas que se decidieron por Cristo. *¿Puedes decir Aleluya?*

Desde 1975 he sido evangelista, y durante todo este tiempo he predicado cara a cara ante quizás 100 millones de personas, pero sólo en los últimos tres años y medio, he visto más de 34 millones de vidas aceptar a Cristo. Nunca había visto multitudes tan sedientas de Dios. Nunca.

Aunque un gran número de personas ha trabajado junto a mí durante treinta años para ver esta cosecha, no podemos dejar de asombrarnos con todo lo que está sucediendo. Quiero convencerte de que si eres un seguidor de Jesucristo, puede ocurrirte lo mismo, aun sin tener una organización como la mía.

Por favor, quédate junto a mí. Quizás no lo creas aún, pero perteneces al lugar donde estás, a mi lado en esta plataforma.

Tú y yo somos seres humanos, pero como hijos de Dios somos mucho más que eso, pues somos agentes de su omnipotencia, lo cual significa que tenemos en nuestras manos un poder ilimitado. También significa que no existen grandes hombres obrando en el reino de Dios, sino un gran Dios que obra en los seres humanos que tienen la fe de un niño. Todavía no has visto lo que Dios desea hacer a través de ti, y es esto lo que espero que llegues a creer con todo tu corazón al terminar de leer las historias contenidas en este libro.

Ya seas ama de casa, policía, maestro, estudiante, secretaria, dependiente de tienda, vendedor de hamburguesas, pastor o ejecutivo, mírate al espejo. Si le perteneces a Cristo, Dios está preparando una plataforma para ti, reunirá una multitud, grande o pequeña, desde una vida perdida hasta una desesperada multitud de millones de vidas. El mensaje es el mismo, y lo conoces tanto como yo.

En su Palabra, el Señor nos dice que para Él es un gran placer usar lo necio del mundo para avergonzar a los sabios, y lo débil para avergonzar a los fuertes. O lo que es lo mismo: personas sin grandes capacidades, las usa para hablar de su verdad ante reyes, presidentes y grandes multitudes de vidas desesperadas por escuchar el Evangelio. No existe un lugar donde puedas esconderte ante un llamado como éste, por tanto, no lo tomes a la ligera. Si has podido leer hasta aquí, entonces creo que este libro constituye una cita de Dios contigo.

Yo soy Reinhard Bonnke, pero tú puedes hacer diez veces más que todo lo que yo hago. Deseo ayudar a prepararte para los días de la cosecha que tienes por delante. Acércate y permíteme contarte algunas historias que te convencerán de la veracidad de lo que te he hablado.

Tú puedes hacerlo.

☙

¿Por qué hacemos

tanto énfasis en la calificación

de una persona para el ministerio?

Cuando soy débil, entonces soy fuerte,

dijo el apóstol Pablo.

Somos calificados

por la omnipotencia de Dios,

no por nuestras propias fuerzas.

Capítulo 1

Sin zapatos, pero bendecida

Se encontraba llorando al final de la multitud, fuera del alcance de mi vista. Doscientas mil personas se habían reunido en Uhuru Park aquel día. Al terminar mi predicación, pudimos ver a miles aceptar al Señor, así como sanidades manifestándose entre las personas. Me sentía emocionado al vivir un día más obedeciendo al Señor y observando su poder para salvar a los pecadores. Pero Teresia Wairimu no era una pecadora, y no pasó al frente. Ni siquiera supe que estaba allí.

Había mojado su almohada durante innumerables días antes de que yo llegara a su ciudad en Nairobi en 1988. En los meses recientes, su sueño de servir a Dios sirviendo a su familia se había desvanecido. El dolor de esta pérdida llegó a su alma como una impetuosa tormenta.

Desde su niñez, Teresia había añorado servir al Señor, y al asistir a la iglesia, su imaginación se desbordaba con el maravilloso deseo de casarse con un ministro de Dios. Finalmente, conoció a un apuesto misionero europeo con quien vio su sueño hecho realidad. Su deseo de servir a Dios y a este misionero se fundieron en uno solo, y no veía en ello oposición alguna.

Sus padres no lo aprobaron, pues para ellos una mezcla racial no era más que la receta para el desastre. Además, ellos eran una respetada familia de negocios y se sentían avergonzados de que

su hija se casara fuera de las costumbres tradicionales africanas.
Pero en obediencia al amor y a su intenso deseo de servir al Señor,
Teresia estaba segura de que Dios había provisto la respuesta a
sus oraciones, presentándole a este maravilloso cristiano, por lo
cual estaba dispuesta a actuar en contra del deseo de sus padres.

Ésta fue una decisión que la persiguió doce años más tarde,
cuando su esposo misionero decidió abandonarla. Por mucho
que ella apeló a la fe cristiana de él, no logró que reflexionara,
sino que cruelmente se aprovechó del sistema machista de leyes
para divorciarse, abandonándola a ella y a su hija sin ningún
tipo de apoyo.

Esta historia me conmueve, pues, como Teresia, yo también
anhelaba servir a Dios desde mi infancia. Cuando tenía diez
años, en Alemania, escuché la voz del Señor llamándome a ser-
virle en África. También sentí el deseo de casarme con alguien
que compartiera el mismo llamado. No puedo imaginar dónde
estaría hoy, o cómo hubiera podido cumplir con el llamado de
Dios, si mi preciosa Anni me hubiera abandonado. Tan sólo
pensarlo provoca en mí un dolor tan intenso que es capaz de
callar todos mis sermones. Realmente me conmueve la agonía
de Teresia.

Mientras lloraba en Uhuru Park, en aquel día caluroso, ella pudo
sentir la gran separación entre nosotros dos, lo cual era algo más
que físico. Prediqué con una confianza que ella no comprendía,
habiendo sido cruelmente rechazada por el hombre a quien más
deseaba complacer. Al estar allí, se culpaba por haber hecho tan
mala elección en su deseo de casarse con un ministro de Dios, y
más adelante se culpó por no haber sido capaz de hacer que su
matrimonio funcionara a pesar de los problemas de su esposo,
pensando que estos eran, en parte, también culpa suya. Pensaba

que no había sido lo suficientemente buena como Jesús, para cambiar su corazón. Aquellos pensamientos daban vueltas en su cabeza como las aspas de un molino de viento, deprimiéndola cada vez más y más.

No tenía adonde ir. Su familia ahora la rechazaría, diciéndole que había logrado lo que se merecía. No se atrevía siquiera a hablarles acerca de su divorcio. La Iglesia no era mejor que su familia, siendo el divorcio una terrible vergüenza entre los cristianos de Kenya; el beso de la muerte para aquellos que aspiraran al ministerio.

El único refugio que Teresia pudo encontrar fue en Dios. Aunque se sentía rechazada, de alguna manera Teresia sabía en el fondo de su alma que Dios no la había rechazado. Fue desechada por un mal esposo, pero sostenida por un Dios bueno. Se aferró a la esperanza de que algún día, en algún lugar, y de alguna manera, Dios se levantaría y pondría nuevamente sus pies en un lugar firme, el cual no le sería quitado por ningún demonio del infierno.

Por esta razón lloraba mientras permanecía al final de la multitud en Uhuru Park. Como ella lo describe, escuchó mi voz predicando la Palabra de Dios con poder y autoridad. Tan sólo escuchar una predicación como ésa despertó una esperanza en su corazón, pues nunca había escuchado el Evangelio predicado de aquella manera. Los ministros que conocía habían estudiado en seminarios, y se les había enseñado a no levantar la esperanza a quienes les escucharan, para evitar que algunos se sintieran decepcionados y culparan a Dios en medio de su desesperación. Aun la esperanza de las Buenas Nuevas había sido tan reducida, que ni los incrédulos se sentirían ofendidos.

Pero el Reinhard Bonnke que ella vio aquel día predicó el Evangelio incondicional con libertad, aclamando con placer las Buenas Nuevas. La forma en que hablaba y se movía sobre el escenario le decía a todos que ahí había un hombre que creía en su mensaje y que por éste arriesgaría su vida. Actuaba como si realmente conociera al Dios del que predicaba.

Si Reinhard Bonnke puede ser así, pensó Teresia, *entonces yo también.* Y comenzaron a salir de sus ojos lágrimas de anhelo y esperanza. Cuando hice el llamado para que los enfermos pasaran adelante, Teresia miró cómo yo les imponía las manos. Ciegos que veían, cojos que comenzaban a caminar, personas que habían sido sordas, de pronto podían repetir lo que yo les decía, palabra por palabra. Era como escribir una nueva página en el libro de los Hechos.

Teresia vio que yo poseía un "fuego" vivo que iba más allá de la fría religión que ella había experimentado, y ése era el don que anhelaba con lágrimas aquel día. A partir de entonces no deseaba otra cosa. De lo profundo de su alma clamó: "Dios, por favor, si tú puedes darle a Bonnke 100.000 personas, dame cien a mí, tan sólo cien, Señor, y seré una mujer feliz".

Habiendo dicho esto, Teresia sintió en lo profundo de su corazón que, para recibir la respuesta de Dios, Reinhard Bonnke tenía que imponerle sus manos y orar por ella.

No sé qué significa esto. Es algo que no puedo explicar, lo único que puedo decir es que su fe era como la de la mujer que tocó el manto de Jesús. No estaba en los planes de Jesús que aquella mujer lo hiciera, sino que fue una decisión de ella. Lo cierto es que Jesús iba a sanar a una persona que se encontraba enferma, cuando ella lo siguió y tocó el borde de su manto, y al hacerlo, quedó sana. Jesús se volvió hacia ella y le dijo: *"Hija, tu fe te ha salvado"* (Mateo 9:22).

La fe de Teresia era como la de aquella mujer. De alguna manera, ella sabía que yo debía imponerle mis manos y orar por ella, para ser llena de la bendición de Dios.

Ésta no es una fórmula para recibir algo de parte de Dios. Quiero decirte que no existe un poder especial en mis manos o en mi oración, así como no había una virtud especial en el borde del manto de Jesús. Fue la fe de la mujer en la Biblia lo que marcó la diferencia, y fue la fe de Teresia la que produjo este poder peculiar en el hecho de que yo le impusiera mis manos.

Teresia salió de Uhuru Park aquel día sin la oportunidad de que se orara por ella. La multitud de personas se agolpaba alrededor de la plataforma con tantas necesidades, y Dios me dirigía hacia las que Él iba sanando. Ni siquiera supe que ella se encontraba allí.

Ocho años transcurrieron antes de que nuestros caminos se cruzaran nuevamente. Teresia pasó ese tiempo haciendo una nueva vida en Nairobi y atendiendo a su hija. Se levantó de las cenizas de sus sueños destruidos para hacer nuevas relaciones con un pequeño grupo de mujeres cristianas, quienes iban a verla para recibir guía espiritual, y de vez en cuando, ministraba entre sus amistades, pero a su ministerio le faltaba el poder que había visto en Uhuru Park aquel día. Su espíritu se encontraba aún quebrantado por el fracaso en su matrimonio, y sabía que no había alcanzado la plenitud del llamado de Dios para su vida.

Durante aquellos ocho años, Teresia seguía mi programa de predicaciones a través de la revista del ministerio. Siempre se mantuvo a la expectativa, buscando la ciudad donde yo le estaría predicando a una pequeña multitud, lo cual aumentaría la posibilidad de que orara por ella.

Esto ocurrió en Oslo, Noruega, en la primavera de 1996. Se encontraba emocionada al saber que yo estaría en una iglesia local de allí, pues tenía amistades en Oslo. Los llamó inmediatamente y lo arregló todo para quedarse allá con ellos, quienes ofrecieron llevarla a la reunión.

Ahorró su dinero y compró un boleto de ida y vuelta. Al marcharse, todas sus amistades en Nairobi oraron con ella, creyendo que regresaría con el fuego del Espíritu de Dios que tanto anhelaba.

Teresia fue la primera persona que entró por las puertas de la iglesia en Oslo cuando éstas fueron abiertas. Sus amigos la acompañaron hasta la primera fila de asientos, donde esperó hasta que el lugar continuó llenándose. Una mujer de allí se le acercó.

"Necesitas recibir algo de Dios", dijo la mujer, "y Dios me ha dicho que te lo dará".

Era una maravillosa confirmación. Teresia le agradeció respondiendo: "Lo que me ha dicho es algo muy bueno, pero aún sigo esperando".

Cuando llegué a la plataforma al comenzar el servicio, supe inmediatamente que Teresia estaba allí. Es difícil pasar por alto a una dama africana en una iglesia noruega. Parecía una isla colorida en un mar de gris, vestida con su atuendo tradicional africano. Pude ver que estaba temblando desde que comenzó el servicio.

Teresia había venido con un pensamiento en su mente: cuando yo hiciera el llamado para que los enfermos pasaran al altar, ella también vendría, pues se sentía enferma de frustración y falta de efectividad en su ministerio. Ésta era la justificación que tenía en su mente para ir al frente cuando llamaran a los enfermos.

Concentrada en esa idea, se le hizo imposible concentrarse realmente en mi sermón. De hecho, prediqué un mensaje de salvación, lo cual no concordaba con ella. Levanté un reto para que aquellos que deseaban aceptar a Cristo se levantaran. Se puso de pie como un rayo, pero rápidamente se dio cuenta de que no había sido un llamado para los enfermos, y tímidamente se volvió a sentar. Había esperado durante ocho largos años; ahora estaba dispuesta a esperar otros veinte minutos por mi próxima invitación.

Cuando, finalmente, anuncié que iba a orar por los enfermos, corrió y se paró frente a mí, temblando de anticipación. Sabía que dentro de unos instantes recibiría la respuesta a la oración que había elevado a Dios ocho años atrás, en Uhuru Park. Sobre ella se derramaría la unción para ministrar con poder y autoridad, como lo hacía Reinhard Bonnke.

Nunca olvidaré lo que ocurrió después, y Teresia nunca lo recordará. Hasta el día de hoy, no sabe que realmente puse mis manos sobre ella. El fuego de Dios no tiene nada que ver con el toque de mis manos, pero yo sí las puse sobre su cabeza. Sólo por un instante, porque fue alejada del alcance de mis manos por una fuerza que la lanzó veinte metros por el aire y la hizo aterrizar sobre su espalda cerca de la primera fila de asientos de donde había salido. La fuerza de esta acción fue tan fuerte que los zapatos salieron volando de sus pies. Un zapato, todavía puedo verlo, salió saltando hasta caer en medio de aquella gris congregación noruega, y nuca más se vio. Quizás alguien se lo llevó a casa de recuerdo.

Continué orando por los demás. Mucho después, Teresia recuerda estar saliendo de su estado de inconsciencia y escuchando mi voz decir: "Están sucediendo milagros, están sucediendo milagros". Es todo lo que recuerda.

Los milagros de Dios son siempre una señal y una maravilla. Sólo nos queda mover la cabeza y decir: "Gloria a Dios, gloria a Dios, gloria a Dios". El gran milagro que ocurrió aquella noche en Oslo ha continuado ocurriendo hasta este día en Nairobi, Kenya. Teresia Wairimu arde en fuego.

El servicio en Oslo concluyó y me dispuse a regresar a Alemania. Teresia no se podía levantar del piso de la iglesia. Al recobrar su conciencia, su cuerpo no respondía debidamente a las órdenes del cerebro. Las piernas le tambaleaban tanto que sus amigos tuvieron que llevarla de la iglesia al auto, y al llegar, sacarla del auto, llevarla a la casa y depositarla en la cama del cuarto de huéspedes. Entonces le devolvieron el zapato que le quedó del par que llevaba puesto aquella noche, el cual guarda para acordarse de lo que Dios hizo por ella aquella noche. En su corazón, guardaba la seguridad de que a partir de entonces no sería la misma.

La historia pudiera terminar aquí, y lo cierto es que para muchos ha terminado en este punto, donde, luego de recibir una gran visitación del Espíritu de Dios, no hacen nada para ponerla por obra en sus vidas. Pero Dios no había ungido a Teresia por gusto. No había recibido su bendición para quedarse de brazos cruzados, sino que había venido para recibir el poder de ministrar, y esto es lo que haría.

Después de su regreso a Nairobi, convocó a sus amigas para una reunión en su casa, y diecisiete de ellas acudieron. Teresia predicó con un poder que nunca antes había tenido. Cuando pidió a los enfermos que pasaran adelante, no ofreció una oración débil y religiosa. No le pidió a Dios de favor que sanara a alguien si era su más divina voluntad. En lugar de esto, ordenó a los enfermos que fueran sanados en el nombre de Jesús, y las sanidades comenzaron a manifestarse.

El próximo viernes había 55 mujeres en su casa. El viernes siguiente, 105, y el siguiente, 200 mujeres acudieron. Ella y su círculo de amigas comenzaron a buscar un edificio escolar donde reunirse. Para este entonces, ya se estaba hablado de algunas de las sanidades notables de su ministerio por toda la ciudad. Encontraron un auditorio con una capacidad para 2.000, pero asistieron 4.000 mujeres. Tuvieron que abrir todas las puertas y ventanas para tratar de acomodarlas. Se trasladó para el Centro de Convenciones Jomo Kenyatta, con capacidad para 5.000 personas, pero asistieron 12.000.

Algunos pastores de la ciudad comenzaron a denunciarla, y a decirle a sus congregaciones que no asistieran a sus reuniones porque era una mujer divorciada, pero fueron ignorados. Algunos iban por curiosidad, otros por necesidad, pero cuando llegaban a una reunión de Teresia Wairimu, no oían hablar del divorcio de una mujer, sino del Evangelio de Jesucristo. Veían personas con cáncer y con SIDA siendo sanadas, así como ciegos y sordos curados.

Finalmente, Teresia pidió al gobierno de la ciudad que le permitiera utilizar Uhuru Park donde Bonnke había predicado en 1988. Se contactaron con ella, permitiéndole utilizar el lugar el primer domingo de cada mes. Las multitudes crecieron, y ahora incluían tanto hombres como mujeres.

Aquella mujer, con lágrimas en sus ojos, había orado desesperadamente en Uhuru Park, en 1988: "Dios, por favor, Dios, si puedes darle a Bonnke 100.000 vidas, dame cien, sólo cien, Señor, y seré una mujer feliz". Teresia Wairimu es hoy una mujer muy feliz. Su nombre es una palabra familiar en África. Los ministros que una vez predicaron en contra de ella, se han disculpado y pedido que les perdone.

Cuando supe acerca de su gran bendición, fui al Señor en oración. "¿Por qué, Señor", le pregunté, "escogiste a una mujer divorciada para este gran ministerio? Tenemos tantos hombres valiosos en nuestras Escuelas Bíblicas, quienes te siguen con todo su corazón. ¿Por qué escogiste a Teresia y no a uno de ellos?"

Su respuesta me afectó profundamente. Me dijo: "Escogí a Teresia para mostrarle al mundo que yo puedo tomar un vaso roto y hacer de él un vaso de honra".

Me sentí avergonzado. No somos escogidos por nuestras grandes cualidades, pues somos siervos imperfectos que dependemos totalmente de Dios. Yo he disfrutado los beneficios de un sólido matrimonio con mi Anni durante todos estos años, pero toda esta felicidad no constituye el secreto de mi éxito. Teresia padeció la gran humillación del divorcio, pero Dios le exaltó a una plataforma con un ministerio poderoso. Todo para la gloria de Dios.

Dos años después de Oslo, en 1998, exactamente diez años después que prediqué en Uhuru Park, visité Nairobi con mi esposa Anni. Nos alojamos en un hotel que bordea el parque y me aseguré de llegar allí el primer domingo del mes.

Me quedé al final de la multitud, fuera del alcance de su vista. Doscientas mil personas se reunieron en Uhuru Park aquel día. Teresia predicó con poder y autoridad y vio miles de personas aceptar al Señor, así como manifestaciones de sanidades. Era como si se estuviera escribiendo otra página del libro de los Hechos. Sin dudas, se sentía emocionada al transcurrir un día más obedeciendo al Señor, y observando su poder para salvar a los pecadores. Pero yo no era un pecador, y no pasé al frente. Ni siquiera supo que yo estaba allí, con una amplia sonrisa en mi rostro.

༄

Conozco personas que

prefieren no hacer nada antes

que cometer un error mientras sirven al Señor.

Han puesto su orgullo por encima del amor a Dios.

Cuando oré por la mujer equivocada, ya Dios había

mostrado ese detalle en el sueño de Jean Neil.

Si no hubiera cometido el aparente error,

su fe nunca la hubiera inspirado para

alcanzar su destino milagroso.

Capítulo 2

El sueño de Cuasimodo

Aquella mujer nunca dejaba de asistir a la iglesia, pero resultaba engorrosa la tarea de trasladarla. Primeramente, había que llevar su silla de ruedas hasta el auto y ayudarla a salir de la silla para acomodarla adentro con mucho cuidado. Su columna vertebral encorvada y rígida le impedía inclinarse en el ángulo apropiado, por lo que debía recibir una cruel sacudida para ponerla en el asiento y después ponerle sus pies hacia el interior. Sus caderas se encontraban dislocadas de manera permanente, y al mover sus pies, gritaba de dolor.

Su esposo le rogaba que se quedara en casa, al igual que sus amistades, quienes a veces la llevaban a la iglesia. Lágrimas de dolor corrían por sus mejillas, pero de su boca no salía una queja, pues no se perdería otra oportunidad de estar en la casa de Dios. "Lleven a Cuasimodo a la iglesia", decía Jean Neil, crujiendo sus dientes, al tiempo que hacía una seña.

Durante cada servicio de adoración, Jean podía sentarse sobre un cojín sólo por unos minutos, hasta que el dolor se hacía insoportable. Entonces tenía que levantarse sosteniéndose con sus muletas y, tambaleándose, llegar hasta la pared, donde se recostaba para aliviar el fuerte dolor entre la parte inferior de la espalda y las caderas. De esta manera se quedaba, colgando sobre las muletas, durante casi una hora. Nadie podía asistir a aquella iglesia sin recordar constantemente que Jean Neil se encontraba sufriendo un dolor terrible.

Por tal razón, se hacían numerosas oraciones por su sanidad. El pastor oraba, el grupo de jóvenes oraba, el grupo de mujeres oraba. Cada tiempo de oración congregacional incluía una petición por la sanidad de Jean. Sus amistades trataban de encontrar una respuesta. "¿Había algún problema con sus oraciones? ¿Por qué Dios no sanaba a una sierva tan fiel como ella?" Jean nunca perdió la esperanza, pero su fe sufrió altas y bajas a través de los años.

Su principal problema consistía en una espalda deficiente, lo cual supo desde su juventud, pero nunca dejó que le impidiera llevar una vida activa. Era atlética y traviesa, bromista e incitadora, y de las personas que les gusta arriesgarse.

Los amigos que mejor le conocían apreciaban su coraje. Sabían que había vivido durante quince años en un terrible hogar para niñas en Jersey, donde fue golpeada con ortigas punzantes por orinarse en la cama, siendo aún pequeña. También fue torturada con baños de hielo por hablar a sus cuidadoras sin permiso, alimentada solamente con pan y agua, desnudada y golpeada frente a las demás niñas por hacer chistes. Pero nunca pudieron matar el buen humor en Jean, pues no perdió el don de hacer rápidas observaciones. Había desarrollado una fuerte y desafiante voluntad de prosperar en medio de grandes desventajas. Era su don.

Se casó con John Neil, e hicieron su vida juntos en Rugby, Inglaterra. Jean se había convertido al cristianismo, pero John no. Aun así, las cosas marchaban bien entre ambos, cuando de pronto sufrió una caída, fracturándose el cóccix, lo cual aceleró el deterioro de su columna vertebral. Una serie de operaciones, algunas de las cuales resultaron deficientes, fundieron varias vértebras. Después de la última operación, estuvo enyesada durante seis meses.

Se le dijo que cuando le quitaran el yeso, nunca más caminaría. Además, su corazón y sus pulmones se habían debilitado como consecuencia del prolongado dolor, y por la cantidad de medicamentos que había ingerido para aliviarlo. Necesitaba tabletas especialmente formuladas para mantener su corazón bombeando. También se hizo dependiente de inhaladores y oxígeno. Un famoso cirujano británico le dio un cincuenta por ciento de probabilidad para mejorar con una última operación de alto riesgo, para reconstruir su columna vertebral. Cada día de su vida, Jean comparaba su dolor con el riesgo de aquella desesperada operación.

Mientras tanto, continuaba asistiendo a la iglesia, y a pesar de su condición tomó una activa responsabilidad como líder de jóvenes. Amaba a los adolescentes y se dedicó a ellos, quienes se lo agradecían y fueron inspirados por su ejemplo, sabiendo lo que tenía que resistir para estar con ellos.

Entonces ocurrió algo que cambiaría su vida para siempre. Estando en la iglesia, se le acercó un niño de tres años y le pidió orar por ella. Tomó sus pequeñas manos en las de ella y le permitió decir una sencilla oración infantil, en la que le pedía a Dios que la sanara. Algo comenzó a agitarse en lo profundo del alma de Jean.

Aquella noche tuvo dos sueños diferentes, pero ambos parecían reales. En el primero, fue sometida a la operación quirúrgica de su columna vertebral, y murió sobre la mesa de operaciones. Pudo ver al médico diciéndole a su esposo que su corazón estaba muy débil para soportar el proceso. Se despertó de un sobresalto. No había ningún error con respecto al significado de este sueño: si escogía someterse a la operación quirúrgica, le esperaba la muerte. Se preguntaba si sería un sueño debido a su propia ansiedad. Volvió a quedarse dormida.

Esta vez, Jean tuvo un sueño muy diferente. Se encontraba en un gran salón junto a otras doce personas en sillas de ruedas. Escuchó la voz de un hombre, una voz diferente con un acento extranjero. Vio a aquel hombre salir y pararse frente a las sillas de ruedas. Se dirigió hacia la primera silla y oró por una mujer, ordenándole que se levantara. Lo hizo, pero ésta se volvió a sentar en completo fracaso. Luego el hombre se acercó a la silla de Jean, oró por ella, y salió de la silla corriendo, completamente sana.

Al día siguiente Jean, asustada, fue a ver al pastor. Le comentó acerca de su temor de que el final de su vida se encontrara cerca, pero éste le sugirió que no se guiara por el primer sueño, sino por el segundo, y que una vida completamente nueva era lo que podría encontrarse cerca, una vida de sanidad y plenitud. Tendría que escoger cuál de los dos sueños iba a creer: el de muerte o el de vida.

Jean rechazó sus temores y se decidió por la vida. Le contaba a sus amistades y familiares el segundo sueño. Hasta podía describir físicamente al hombre que había orado por ella, su manera de hablar, así como el lugar en donde se encontraban. Comenzó a indagar todo con respecto a quién podría ser este agente del poder de Dios.

Dos semanas más tarde tendría lugar una convención juvenil en el Centro Nacional de Exhibiciones, en Birmingham, Inglaterra. El pequeño grupo de jóvenes de Rugby por supuesto que asistiría, y Jean Neil con ellos, pues sabía que Reinhard Bonnke sería el predicador en dicha ocasión. Su reputación como evangelista incluía muchos testimonios de sanidades milagrosas. Dicho evento tuvo lugar en 1988.

Le pidió a su esposo John que le preparara una ambulancia especial para el viaje, lo cual no sería difícil para él, puesto que trabajaba para una compañía de ambulancias. Ella le dijo a sus amistades que creía que si Reinhard Bonnke oraba por ella, comenzaría a recuperarse. En estos momentos, no podía decir con seguridad que era yo el hombre que había visto en sus sueños. Su fe para sanarse no se había completado aún.

Llegué a Birmingham y me quedé en casa de un amigo. En la mañana de la reunión tuve un fuerte deseo de orar y, al hacerlo, sentí la presencia del Espíritu Santo de una manera poco común. Le pregunté: "Señor, ¿qué quieres hacer hoy? ¿Qué clase de milagro obrarás en la reunión de hoy?"

Entré al salón del Centro de Convenciones por una puerta de acceso a la plataforma. Había una cortina gruesa por la cual me dijeron que cruzara para llegar a la plataforma. Del otro lado de la cortina, había un joven con muletas, y como no lo pude ver a tiempo, lo rocé al cruzar. El joven cayó de espaldas, y las personas que me atendían, rápidamente lo ayudaron y me llevaron hacia el escenario. Más tarde, en el transcurso del servicio, me dijeron que no fui yo quien hizo que el joven cayera, sino el poder de Dios, pues al levantarse, no necesitó más las muletas.

En el salón había cerca de 12.000 jóvenes delegados con sus supervisores. Me senté y esperé ser anunciado. Mientras tanto, miré hacia la congregación y continué en una profunda conversación con el Señor. "Señor, ¿qué estás haciendo aquí esta noche?"

Al pasar mi vista por donde se encontraban las sillas de ruedas, el Señor dirigió mi atención hacia una señora a lo lejos, a la izquierda. Sentí que el Espíritu me decía: *"Aquella mujer en la silla de ruedas va a ser sanada hoy"*.

Desde su silla de ruedas, Jean me vio sobre el escenario y pensó que tenía un gran parecido al hombre que había visto en su sueño. Miró hacia las demás sillas de ruedas y, aunque no las contó, había quizás otras once personas en su condición. Cuando me puse de pie para predicar, Jean reconoció mi voz como la de su sueño. El tono y el acento parecían idénticos. Comenzó a sentir un poderoso sentido de expectación ante lo que estaba por suceder.

Yo estaba en el fuego del Espíritu y prediqué un mensaje de salvación a aquellos jóvenes. Cuando hice el llamado al altar, casi 1.500 de ellos respondieron. Me quedé extático. Era un día glorioso. Entonces, de pronto, el anfitrión de aquella reunión se me acercó y me dijo: "Reinhard, alquilé este lugar sólo hasta las seis, por tanto, tenemos que despejar el salón".

Miré a mi reloj y vi que sólo faltaban quince minutos. Me sentí muy mal y pensé: "Oh no, aún no he orado por los enfermos".

Sin demora alguna, bajé de la plataforma y fui hacia la primera silla de ruedas que vi frente a mí, en la cual había una señora sentada, y le dije: "Deseo orar por usted".

Puse mis manos sobre ella y pude sentir el poder del Espíritu como si tuviera electricidad en mis manos. Luego que oré le dije: "Levántese en el nombre de Jesús".

Se levantó, pero muy temblorosa. Había en su rostro una expresión de irritación, como si yo no tuviera derecho a hacerle aquello, y volvió a sentarse. Supe que no se había sanado. Oh, no, pensé, ésta no es la mujer que Dios me mostró.

Alguien tenía una cámara de video, y lo que aconteció a continuación fue grabado y ha sido visto una y otra vez por muchas personas en los años que han transcurrido desde esta reunión.

Confundí sus vestidos, pero recordé que la mujer que Dios me había mostrado se encontraba a la izquierda. Salté, mirando hacia la izquierda, hasta que la vi. Corrí, atravesando todo el salón, mientras la cámara me seguía. Luchaba contra el reloj para alcanzarla antes de que despejaran el lugar.

Jean Neil estaba sentada en su silla de ruedas y su esposo John, parado detrás de ella, sosteniendo la silla. Nunca antes les había visto, no sabía nada acerca de sus circunstancias ni de qué les había llevado hasta allí. Miré a John, y él me miró con una mirada frívola. Me arrodillé frente a Jean y le dije: "He venido a orar por usted. Hoy va a ser sanada".

Nunca olvidaré su respuesta: "¡Lo sé, lo sé, lo sé!"

Lo que Jean sabía era que su segundo sueño se estaba haciendo realidad ante sus propios ojos. Su fe renació.

Le dije: "Voy a orar por usted y se pondrá de pie".

John dijo: "¿Qué quieres decir con ponerse de pie? Mi esposa no tiene sus caderas sujetas".

Le dije: "De lo que estoy seguro es que con Dios, todo es posible. Voy a orar por usted y se pondrá de pie".

Le impuse mis manos y oré. Le ordené que se levantara y lo hizo lentamente, con gran determinación, pero se cayó hacia adelante sobre el piso. Pensé: "Oh, no, Señor, ¿qué he hecho?"

Entonces me di cuenta de que no se había caído de nuevo en su silla de ruedas, sino que su caída fue hacia adelante. Al menos, ocurrió en la dirección correcta. De pronto, supe que no se había caído porque sus caderas no la sostuvieran, sino que cayó bajo el poder de Dios, lo mismo que le ocurrió al joven de las muletas cuando lo rocé en el escenario.

Rápidamente me incliné sobre ella y le dije: "Jesús la está sanando".

"Lo sé, lo sé", dijo ella. Después me miró y dijo: "Siento como si estuviera bajo anestesia".

"El doctor Jesús la está operando", le dije.

En este momento, como lo cuenta Jean, se sintió llena de poder, cosas increíbles estaban ocurriendo dentro de su cuerpo. Sintió como si hubiera sido puesta sobre una camilla y estuvieran estirando su cuerpo, y que las caderas tomaban su lugar. Una de sus piernas era cinco centímetros más corta que la otra, y creció hasta tomar la misma longitud. Entonces, dice que ocurrió como si una vara caliente de acero cruzara a todo lo largo de su columna vertebral. Sus huesos, tejidos y músculos, los cuales estaban atrofiados, comenzaron a flexionarse y a cobrar nueva vida.

Le dije: "Levántese en el nombre de Jesús".

Miré a John y pensé que me iba a dar un puñetazo. Me preguntó: "¿Y si se cae?"

Le respondí: "Estaré aquí, estaré aquí. Ahora levántese".

Lentamente, Jean comenzó a levantarse del suelo hasta que se paró completamente, sostenida por sus pies.

"Ahora camine en el nombre de Jesús".

La cámara de video se encontraba grabando. Había personas de pie sobre las sillas a nuestro alrededor. Estábamos completamente rodeados de espectadores. Jean llevaba puesta una boina roja, y todos en aquel salón vieron su boina saltar como si de pronto Jean desapareciera de debajo de ella. Yo la vi saltar como un saltamontes lo hace en el momento en que menos uno lo espera. Antes de darme cuenta de lo que había ocurrido, aquella mujer había desaparecido.

Jean Neil corrió por todo el salón con sus manos hacia arriba, alabando a Dios, gritando de alegría. Su segundo sueño había acabado de suceder, no de muerte, sino de una vida completamente nueva.

Sus piernas no tambaleaban, sino que poseían una fortaleza y un vigor increíbles. Continué llamando por el micrófono: "¿Dónde está esa mujer? ¿Dónde está esa mujer?"

Las personas seguían respondiendo: "Por allá, por allá, por allá". Y cada vez señalaban hacia un lugar diferente.

Yo continuaba buscándola en la dirección en que había salido, cuando de pronto apareció justo detrás de mí. Le había dado la vuelta completa al salón.

Aquel lugar estaba lleno de algarabías. Unas personas lloraban, otras alababan a Dios. Había muchas lágrimas de alegría.

Le pedí a Jean que subiera al escenario para que las personas pudieran saber qué era lo que había acabado de suceder. Rápidamente, dio un giro y saltó por los escalones que llevaban a la plataforma, los cuales eran bastante empinados, por lo que esto en sí ya era un testimonio de su completa sanidad. John la seguía, sin entender lo que estaba ocurriendo, llevando la silla de ruedas. Yo también le seguía.

Sobre el escenario, Jean danzaba con sus manos en alto como un boxeador que ha acabado de ganar el título de los pesos completos. La multitud gritaba de gozo, y Jean les saludaba. Le pregunté a quién saludaba, y me dijo que a su pastor y demás hermanos de su iglesia en Rugby. Entonces comprendí por primera vez la gravedad de su enfermedad, y me di cuenta de que fue mejor no saberlo antes, pues quizás hubiera afectado mis pensamientos y mi fe al orar por ella. Dios es bueno.

"Denos una demostración", le pedí.

"¿De qué?", Jean replicó, en su forma maravillosamente sarcástica.

"Haga algo que no podía hacer antes", le expliqué.

"Ah", dijo, como si no hubiera comprendido lo que yo quise decir.

Entonces comenzó a inclinarse hacia delante hasta tocar los dedos de sus pies, hacer cuclillas, correr en el lugar, para que las personas allí pudieran verla. Todos gritaban, aplaudían y alababan a Dios, hasta que alguien recordó que teníamos que despejar el salón.

No sé quién pagó la cuenta por el tiempo extra, pues yo sólo era el predicador invitado, y ya era hora de partir hacia Alemania, por lo que me despedí de todos.

Sólo después de llegar de regreso a casa pude comprender la magnitud de este milagro. Mi teléfono comenzó a sonar. Personas de diferentes países alrededor del mundo se habían informado del suceso. Debido a mi conocimiento de la naturaleza humana, sé que a veces los que se sientan en sillas de ruedas no son paralíticos. En el caso de Jean Neil, las muchas personas de su iglesia que la conocían confirmaban el poder de su testimonio, también sus médicos añadieron su confirmación acerca de la veracidad de su historia y la noticia corrió con gran furor. Fue una sanidad que sacó a muchos cristianos de su letargo con respecto al poder de Dios para sanar.

Cuando salí del pueblo, Jean Neil comenzaba una vida totalmente nueva. Regresó a su hogar en Rugby y corrió escaleras arriba hasta entrar en su casa. Su hija se encontraba en la sala con el novio, y cuando escuchó los pasos por las escaleras, pensó que sería un ladrón.

"Ve a ver quién es", le pidió a su novio.

Él estaba algo asustado. "Tal vez sea tu mamá", sugirió, con alguna esperanza.

"Mi mamá es una anciana inválida", dijo. "Ella no puede correr por las escaleras".

Al abrir la puerta, Jean escuchó el comentario de su hija. Por primera vez en su vida se percató de lo que su familia pensaba de ella. Cuasimodo significaba algo más que un chiste agridulce. Para sus seres queridos, había sido una dura realidad.

Entró en la habitación donde estaba su hija. "Cuando Jesús te sana, puedes correr por las escaleras", dijo.

"¡Mamá!", su hija sollozó entre lágrimas. Jean corrió escaleras arriba y abajo para que ella pudiera verla. Después se abrazaron y lloraron, y lloraron, y siguieron llorando.

John, luego de parquear la ambulancia, subió las escaleras para unirse a ellas, llevando consigo la silla de ruedas.

Dice Jean que cuando se despertó a la mañana siguiente, estaba paralizada con un temor repentino que no la dejaba moverse. "John", dijo, con voz temblorosa.

Él se sentó rápidamente en la cama. "Sí, querida, ¿qué pasa?"

Por un momento no pudo hablar. "¿Fue sólo un sueño, John? ¿Tuve otro sueño?"

"No, no fue un sueño, mi amor. Realmente ocurrió, yo estaba allí".

Saltó de la cama, danzando alrededor de la habitación. "Prepararé el desayuno, fregaré los platos, limpiaré la casa, iré al mercado". Y así lo dejó allí, todavía medio dormido.

Era domingo, el día de ir a la iglesia. Después del desayuno, Jean se puso su capa y se dirigió hacia la puerta. Nadie tendría que llevarla a la iglesia ese día, pues podía ir caminando.

Bajó rápidamente las escaleras, cruzó la calle y respiró aire fresco. No más inhaladores, no más oxígeno, no más medicinas. Su corazón cantaba y rebosaba de gratitud.

Entonces escuchó un sonido peculiar a sus espaldas. Se volteó, y era John, apurándose detrás de ella con la silla de ruedas.

"¿Qué haces, John?"

Él se detuvo. "¿Y si te caes?", se quedó parado sin saber qué hacer, pues había sido su protector y todavía tenía dificultad para creer que había sanado, aunque estuvo allí para verlo.

"Llévala para la casa, John. Me estás avergonzando. Nunca más me sentaré en esa silla".

Él lo hizo, y ella nunca más se sentó en la silla de ruedas. Aun cuando un equipo de la televisión le ofreció £1.000 sólo para hacerle una fotografía en la silla, se negó.

Su historia fue una sensación en Europa. Dos meses después, otro evangelista le pidió a Jean que compartiera su testimonio en una de sus campañas en Inglaterra, en la cual había presentes muchas personas enfermas. Cuando terminó de compartir su testimonio se sentó. El evangelista le preguntó por qué se había sentado.

"Ya terminé", dijo ella.

"No", le respondió él, "ni siquiera ha comenzado, Jean Neil. Levántese, es hora de que ore por los enfermos".

"Pero yo nunca he orado por los enfermos. Por favor, no me haga hacerlo, por favor".

Le pidió a los enfermos que pasaran al frente y les dijo que Jean Neil iba a orar por ellos. Habían sido inspirados por su testimonio, y ahora venían al frente con un nivel más alto en su fe.

Jean llamó al evangelista a un lado de la plataforma. "Por favor, ore usted primero y yo lo estaré observando, así aprenderé".

"Orar por los enfermos constituye una unción", respondió. "No necesita práctica. Vaya y ore por ellos, y Dios le va a mostrar grandes cosas, Jean Neil".

Jean dio la vuelta y caminó hacia la primera persona que se encontraba en la fila. Su cabeza le llegaba a mitad de la pierna de él. Jean es un poco más baja de la estatura promedio. Inclinó su cabeza hacia atrás para mirarlo y le dijo: "¿Cuánto mides?"

Escuchó la voz del joven como si viniera de las nubes: "Dos metros".

Se echó a reír, dio la vuelta y caminó hacia el evangelista.

"Usted me dijo que Dios me mostraría *grandes* cosas, pues creo que tiene sentido del humor. Mire a este hombre".

Al evangelista, quien se encontraba orando por otras personas, no le pareció gracioso. "Pregúntele cuál es su problema, y después, ore por él imponiéndole las manos".

Jean era sólo un ama de casa que había recibido un cuerpo nuevo unas semanas antes y no tenía idea de que iba en camino a convertirse en una agente del poder de Dios. Todavía no estaba segura si deseaba serlo, pero parecía que iba en esa dirección.

Regresó al joven de dos metros de estatura y mirando hacia arriba le preguntó: "¿Cuál es tu problema?"

"Mis hombros están rígidos", dijo él. "El lunes me van a operar, para tratar de restablecer un poco el movimiento".

Jean pensaba qué hacer, y con una rápida inspiración, fue hacia la primera fila de asientos y tomó una silla. La colocó frente al joven y procedió a subir sobre ella.

El evangelista, al verla, levantó sus manos y corrió hacia ella. "¿Qué está haciendo?"

"Sus hombros están rígidos y no puedo alcanzarlos".

"No los alcanzaría ni subiéndose sobre el espaldar de la silla. Por Dios, bájese. No tiene que poner sus manos sobre sus hombros para orar por él, sólo tome sus manos y ore".

"Ah", Jean respondió.

Descendió de la silla y la puso a un lado. Con un gran suspiro, tomó las manos del joven y oró una simple oración por su sanidad. De pronto, el cuerpo de dos metros de aquel joven cayó como un inmenso árbol, totalmente sobre su espalda. No hubo nadie que pudiera detener su caída.

Jean estaba horrorizada, pues comprendía el potencial físico de una caída como aquella. Debió haber sufrido un estremecimiento, alguna lesión en su columna vertebral, o algo peor.

Jean corrió hacia el evangelista. "Cayó de espaldas golpeando el suelo", le dijo. "Si Dios le sanó sus hombros, ahora me temo que se rompió la espalda. Esto es terrible".

"No es terrible, es el poder de Dios obrando en él, estará bien", dijo el evangelista, y regresó a su ministración.

Jean no lo creía. Regresó al cuerpo postrado del joven y se inclinó cerca de su cabeza. "Lo siento mucho, muchacho. ¿Te sientes bien?"

Durante unos momentos, el joven no pudo responder, pues se encontraba sólo semiconsciente, hasta que comenzó a levantarse. Jean lo ayudó a incorporarse, y cuando se levantó completamente, comenzó a ejercitar sus brazos, levantándolos en alto por encima de su cabeza, haciendo lo que antes no podía hacer, un experimento tras otro. Rápidamente, comenzó a gritar y a alabar a Dios por su sanidad.

Mientras esto sucedía, su esposa se encontraba en una silla de ruedas del otro lado del salón. Al verlo libre de ataduras, saltó de su silla completamente sana y corrió para unírsele en su celebración.

Jean Neil se quedó mirando, completamente asombrada. Dios realmente le estaba mostrando *grandes* cosas.

Aquella noche, Jean fue lanzada a un ministerio que ha continuado hasta este día. Su esposo aceptó a Cristo como su Salvador, y toda su familia sirve hoy al Señor, viajando por el mundo para dar a conocer el testimonio de su sanidad. El video que se grabó aquel día ha sido mostrado una y otra vez en muchas partes del mundo, inspirando la fe de personas enfermas. Grandes y numerosos milagros han ocurrido cuando Jean ha orado por los enfermos, y cuando predica el Evangelio a las multitudes, miles de personas aceptan a Cristo como su Salvador.

Pero no puedo terminar la historia de Jean sin antes compartir otro incidente muy revelador: Jean nunca rechazó una invitación para compartir su testimonio. El teléfono sonaba, ella lo atendía, alguien le pedía que testificara, ella revisaba su calendario, decía que sí, y ya estaba arreglada la reunión. Sencillamente, ésta era su nueva forma de vida.

Un día el teléfono sonó, y fue invitada a una pequeña iglesia en Jersey, y sin pensarlo, aceptó la invitación. Al colgar el teléfono, se quedó meditando. Sentimientos desagradables con respecto a su infancia en Jersey brotaron de su interior. Nunca había deseado volver a Jersey, pero se dijo a sí misma que éste no era un viaje de turismo, y decidió que regresaría para contarles acerca de la nueva Jean Neil, y sencillamente, ignoraría el pasado.

Al final del servicio, las personas pasaron al frente como de costumbre, para orar por ellas. Al terminar de orar por los enfermos, dos mujeres mayores se le acercaron, y una de ellas le dijo: "Jean, ¿crees que podrías perdonarnos?"

"¿Perdonarlas?", dijo Jean. "Ni siquiera las conozco".

"Sí nos conoces", dijo una de las mujeres. "Éramos tus cuidadoras en la escuela".

Una parte de Jean Neil que había sido totalmente enterrada, de pronto cobró vida. Las golpizas con ortigas punzantes, las torturas con baños en hielo, la dieta de pan y agua, las noches frías acostada desnuda y tapada solamente con una sábana delgada, las humillaciones frente a las demás niñas. Todos aquellos recuerdos dolorosos se precipitaron en su mente.

Sin pensarlo, y antes de que pudiera detenerse, Jean tomó a las dos mujeres por el cuello, una en cada mano. "¿Cómo puedo perdonarlas?" masculló, y en su rabia, sintió que las golpearía en el acto.

En ese momento, la voz del Espíritu Santo le habló clara y directamente en su interior: *"Si no las perdonas, Jean, no te perdonaré a ti"*.

Estremecida por su furia y por el deseo de venganza que había enterrado mucho tiempo atrás, protestó en su interior: *"Pero tú no sufriste lo que yo sufrí"*.

"Yo padecí mucho más".

Rápidamente, se dio cuenta de que era cierto, su sufrimiento nunca igualaría al de Él. Entonces fue cuando Jean Neil descubrió que en su corazón no podía albergar sentimientos de venganza, pues le pertenecía a Cristo. Se liberó de esos sentimientos, y soltó a las dos mujeres. "Lo siento mucho", les dijo. "Debo perdonarlas. No, verdaderamente las perdono, pues Cristo hace nuevas todas las cosas".

Llorando, las tres mujeres se abrazaron, dejando que Jesús enterrara el dolor y la pena del pasado, como sólo Él lo puede hacer.

Desde 1988, he conocido gradualmente los detalles de la historia que he compartido hoy con ustedes acerca de Jean Neil. Años más tarde fue cuando ella me contó lo del sueño. Me deleita la manera en que Dios obró en dos vidas diferentes para desarrollar este milagro. Hasta reconoció mi acento en el sueño, sin que antes me hubiera escuchado predicar. Sólo me conocía por una vaga referencia.

Después de aquella mañana de oración, Dios me señaló a Jean en una congregación de 12.000 personas en el Centro Nacional de Exhibiciones, y me dijo que la iba a sanar. Con la prisa de orar por los enfermos, por cualquiera que estuviera enfermo, pensé que había cometido un gran error al orar por la mujer equivocada. Pero ya Dios había anticipado tal acontecimiento y fue el detalle final que le confirmó a Jean que se estaba cumpliendo realmente su segundo sueño, y su sanidad era inminente. En ese momento, su fe se encontraba al máximo, lista para cuando vine a ella y le dije: "Cristo te va a sanar".

"Lo sé, lo sé, lo sé", gritó. Aún puedo escuchar la sorprendente convicción en su voz.

¡Cuán poderoso es el Dios a quien servimos!

જ

El Espíritu Santo no nos posee,

respeta nuestras decisiones.

Habita en nosotros y nos impulsa,

actuando como una fuente de compasión divina.

Fue esto lo que llevó al joven David a

presenciar sanidades milagrosas.

Creo que, de alguna manera,

debemos aprender a seguir

el impulso de la compasión.

Dios se encuentra en él.

Capítulo 3

El joven del camino

Apagué el generador. El motor de gasolina Briggs and Stratton quedó en silencio. Las luces que colgaban de un lado al otro de la carpa verde se apagaron, y quedé sumergido en completa oscuridad.

Era el año 1977, y había concluido otra campaña africana. El canto de miles de grillos parecía llenar la noche a mi alrededor, recordándome dónde me encontraba. Me hallaba en un inmenso campo abierto en el norte de Transvaal Basin, en Sudáfrica. Desplegamos nuestra carpa en el lugar donde las praderas producen espinos silvestres. El canto de los grillos y saltamontes reinaba en aquella noche de verano, junto al croar de las ranas en busca del banquete de insectos.

Después que hube predicado y orado por los enfermos, la multitud africana de varios miles de personas lentamente se dispersó hacia sus cabañas de lodo y paja, saliendo en todas direcciones. Siendo miembros de diferentes tribus, estas personas vivían en aldeas aisladas, cercadas con estacas rústicas.

Mientras tanto, el pastor de la localidad se había marchado con su esposa en el auto. Vivían en una modesta casa de estilo occidental, a varios kilómetros de distancia, y habían preparado un cuarto de huéspedes para mí. Me había quedado atrás para apagar las luces de la carpa pues, en esta última noche, deseaba permanecer un tiempo a solas con Dios antes de marcharme.

Miré hacia arriba y no había estrellas en el cielo. Ni el más mínimo resplandor penetraba las nubes. Miré hacia la derecha y hacia la izquierda y no había nada más que una densa oscuridad. Al mover la mano frente a mi rostro, no podía percibir movimiento alguno. Todavía me asombro al recordar lo oscura que puede ser una noche en el África primitiva, donde la electricidad constituye un tesoro de incalculable valor.

Disfruté mucho aquel momento a solas en el campo abierto, inhalando aire puro, sintiendo la fresca brisa en mi rostro. El Señor estaba allí a mi lado, pues era Él quien me había llevado a aquel lugar. Fui hasta allí como respuesta a un sueño que me había invadido durante muchas noches, cambiando mi ministerio para siempre. Noche tras noche, veía un mapa de África bañado por la sangre de Jesucristo. Cada vez que lo veía, el Espíritu Santo me susurraba estas palabras al oído: *África será salva*.

Finalmente, el sueño se convirtió en una visión real frente a mis ojos, cuando me mudé de mi pequeña estación misionera en Lesoto para Johannesburgo. Di un paso de fe para establecer una nueva organización evangelística llamada *Cristo para todas las Naciones*. Muchas personas me ayudaron a comprar esta modesta carpa, la cual enseguida resultó pequeña. Predicaba a multitudes que se quedaban alrededor de ella, sin poder entrar al área techada, pero esto no los detenía, pues escuchaban mi voz amplificada por los altavoces dispuestos en las áreas exteriores.

Al llevar nuestra campaña a las tierras tribales descubrimos que mi nombre "Bonnke" era una palabra zulú que significa "todos unidos", lo cual constituía una feliz coincidencia. Con seguridad, la campaña de "Bonnke" unió a todas aquellas personas en una cifra sin precedentes, y aunque algunos llegaron hasta allí esperando ver a un predicador zulú, cientos de ellos respondieron al

Evangelio. Sentí que era un gran privilegio obedecer la visión de Dios, y le agradecí por honrarme de esa manera.

"África será salva", susurré en medio de la oscuridad, "África será salva".

Extendiendo mis manos, por si me equivocaba de dirección, caminé lentamente hacia el lugar donde recordaba haber parqueado mi auto. Finalmente pude detectarlo, y al abrir la puerta, se iluminó nuevamente el área inmediata. Entré y arranqué el motor, encendiendo las luces delanteras. Dirigí el auto por el campo abierto hacia el lugar donde una vía de tierra me llevaría hasta la casa del pastor. Había viajado por esta ruta todas las noches durante una semana, por lo que pude seguir las huellas de mi auto a través de la hierba.

Al acercarme al final del campo, de pronto me salió al encuentro un joven de pequeña estatura, casi un adolescente, haciendo señales con sus manos. Detuve el auto y bajé el cristal.

"¿Tienes algún problema?", le pregunté.

No se acercó a la ventana, y me di cuenta de que lo hacía por cortesía. Era parte de las costumbres de su tribu.

"Por favor, Moruti Bonnke", dijo, empleando el título de respeto reservado para los pastores, "deseo que usted me imponga las manos y ore por mí".

Yo me sentía muy cansado. Había finalizado un sermón vigoroso bajo una fuerte unción; muchas personas habían aceptado al Señor, y también oré por los enfermos. Ahora me había invadido el cansancio físico que sigue a un esfuerzo como ése.

"¿Qué edad tienes, hijo?"

"Diecisiete", respondió.

"¿Por qué quieres que ore por ti?"

"Acepté a Cristo en esta campaña y me ha perdonado todos mis pecados. Yo sabía que usted pasaría por aquí, y quería pedirle que orara para recibir el Espíritu Santo antes de regresar a mi aldea, que se encuentra lejos de aquí".

Esta petición fue directamente al centro de mi llamado a predicar en África. Mi cansancio desapareció al instante.

"Voy a orar por ti", le dije, y salí del auto. Lo dejé funcionando y con las luces encendidas para ver lo que estaba haciendo.

"¿Cómo te llamas, hijo?", le pregunté.

"David".

"Voy a orar por ti, David". Y comencé diciendo: "Señor, de acuerdo a la promesa en tu Palabra, te pido que llenes a David con tu Espíritu Santo". Puse mis manos sobre su cabeza. "Recibe el don del Espíritu Santo, en el nombre de Jesús".

Se estremeció como si un rayo hubiera atravesado su columna vertebral, y luego comenzó a llorar y a alabar a Dios, todo lo cual me resultaba familiar. Yo había orado por muchas personas en diversas ocasiones que habían reaccionado exactamente de la misma forma, y raras veces comprendí lo que Dios había hecho. Tuve que dejarlo en sus manos y continuar adelante, confiando en que a su tiempo, rendiría fruto.

Después, me despedí de David, deseándole un buen regreso a su aldea. Entré a mi auto y continué rumbo a la morada donde me dispondría a dormir. Al alejarse de David las luces del auto, su figura pequeña y descalza quedó inmersa en la densa oscuridad de la noche. Pensé que no lo vería nuevamente, pues era uno entre tantos por los que había orado durante esa semana, y sólo Dios conocía cada uno de sus caminos. Al seguir las huellas de mi auto en la hierba me sentí más cansado que nunca, y mi cuerpo ansioso por dormir.

Unos meses después, en Johannesburgo, comencé a escuchar reportes de un avivamiento que había estallado en la región tribal de Transvaal Basin. Cuando pregunté quién era el predicador, me dijeron que no era ningún predicador, sino un muchacho a quien Dios estaba usando con poder. Nunca pasó por mi mente que David era aquel muchacho.

Un año más tarde, lancé una nueva campaña evangelística patrocinada por *Cristo para todas las Naciones*, esta vez con una carpa enorme, una moderna maravilla con capacidad para 10.000 personas bajo una lona amarilla. Las multitudes llenaban la nueva carpa, y a veces había más personas fuera de ella que adentro. Comencé a hablar con los diseñadores para construir la mayor estructura transportable del mundo, una carpa evangelística gigantesca, que algún día pudiera albergar 34.000 personas de una vez. La visión de África lavada en la sangre de Jesús continuaba encaminándome hacia metas cada vez mayores.

Entre tanto, con la nueva carpa amarilla, regresé a otra semana de reuniones en la región tribal del norte de Sudáfrica, pues mi intención consistía en enfocar las campañas en esta área hasta saturarla con el Evangelio. También traje conmigo un trailer con aire acondicionado, el cual quedó parqueado al lado de la carpa. Era ahí donde me quedaba durante el tiempo de la campaña.

Una noche, después de predicar, tocaron a mi puerta, y al abrirla, allí estaba David. Su rostro irradiaba alegría.

"Moruti Bonnke", dijo, "soy yo, David".

"Me acuerdo de ti", le dije, "oré por ti aquella noche, en el campo, para que recibieras el Espíritu Santo".

"Sí. ¿Puedo entrar y contarle lo que ha sucedido?"

"Por supuesto. Entra, por favor".

Entró y lo invité a sentarse. Mi esposa Anni, que estaba allí conmigo, preparó té caliente, y comenzamos a conversar. "Dime, David, ¿qué ocurrió después que oré por ti?"

"Bueno", dijo, "aquella noche me encontraba muy lejos de mi aldea, y después que usted oró por mí, salí caminando rumbo a casa. Me sentía como si caminara por el aire, y no sentí el viaje. Llegué al amanecer, y lo primero que vi fue a una mujer saliendo de la aldea con un bulto en los brazos, y me pareció escucharla llorando. Era una mujer bien conocida en la aldea. La semana antes de que yo viniera a la campaña de *Cristo para todas las Naciones* ella había perdido a un hijo por causa de la fiebre negra. La llamé: 'Madre, ¿hacia dónde se dirige?'"

En la cultura de las tribus sudafricanas "madre" constituye un título de respeto para cualquier mujer que haya tenido hijos, especialmente, si la persona que se dirige a ella es un muchacho como David, que todavía no es un hombre.

"Ella no respondió", dijo David, "pero vino hacia mí, pues me conocía. No estaba llorando como yo pensaba, pero llevaba el bulto en sus brazos, y pude ver que se trataba de su segundo hijo. El niño estaba sufriendo una fiebre violenta, y lloraba de una manera extraña. Pude ver que éste también iba a morir pronto y, por causa de la fiebre, la mujer iba a perder a sus dos hijos".

"Hacía sólo unas horas, Moruti Bonnke, usted había orado para que yo recibiera el Espíritu Santo, y todavía lo sentía dentro de mí. Cuando vi a aquella mujer, sentí un amor que salía de mí como nunca antes lo había experimentado, y no lo podía contener. El Cristo de quien usted predicó con seguridad se compadecía de este niño y de esta mujer".

"Yo estaba actuando en contra de las reglas de la tribu", dijo David, "pero sentí un amor tan grande que decidí arriesgarme. Le pregunté si me permitía orar por el niño de la manera en que usted había orado por los enfermos en la carpa durante la campaña. Le dije: 'Madre, ¿puedo orar por su niño?'"

"Ella respondió: 'Sí, sí, cualquier cosa, por favor'".

"Puse mis manos sobre el niño y pude sentir el fuego de la fiebre arder en su cabeza. Le pedí a Dios que le quitara la fiebre, y de pronto, dejó de llorar. El niño se levantó y dijo: 'Mamá, tengo hambre, tengo sed.' La madre estaba maravillada, y al tocarle la cabeza al niño, notó que la fiebre había desaparecido".

"Los ojos de aquella mujer se agrandaron de admiración y corrió hacia la aldea con el niño, delante de mí. Fue directamente hacia la casa del jefe y le dijo. 'David oró por mi niño y se sanó. Mire, la fiebre desapareció.' Ella lo alimentó, le dio agua, e inmediatamente recobró sus fuerzas. Salió y comenzó a jugar con los demás niños".

"Fui a mi cabaña y le conté a mi familia cómo usted había orado por mí y lo que había ocurrido aquella mañana. De pronto llegó un mensajero, convocándome para una audiencia con el jefe".

"Tuve temor, porque éste se encontraba muy por encima de mi familia, y yo nunca había estado en su casa. Él es nuestro rey, nuestro líder real, con riquezas suficientes para sustentar a muchas esposas e hijos. Entré y me incliné ante él. La mujer cuyo hijo había sido sanado se encontraba allí con el niño".

"El jefe me dijo: 'David, supe lo que hiciste por esta madre. Tengo una hija a quien ningún médico ha podido ayudar, y está paralítica, pues nació con sus piernas torcidas'. Continuó diciendo: 'La he llevado con los mejores médicos en Cape Town, y no han podido hacer nada. La he llevado también con los curanderos, y nada ha servido de ayuda. Por favor, ve a tu cabaña y ora por ella de la manera en que oraste por este niño hoy'".

"Le dije que haría lo que me había ordenado".

"La mujer cuyo niño había sido sanado fue conmigo. Cuando entramos a la cabaña, al principio no pude ver nada, pero cuando mis ojos se adaptaron, vi a una niña paralítica acostada sobre una camilla con sus piernas terriblemente torcidas. Nuevamente, sentí dentro de mí aquel amor poderoso que venía de Cristo, hacia ella".

"Le hablé de Jesús, y de cómo usted había orado por mí para recibir el Espíritu Santo. Luego le dije que yo no podía obrar milagros, pero Jesucristo podía hacer lo que para nosotros resultaba imposible. Puse mis manos sobre ella y mientras oraba, escuchamos un sonido extraño. Al principio, no sabía de qué se trataba, pero después vi que las piernas de la muchacha se estaban estirando delante de nuestros ojos, y fue cuando me di cuenta de que el sonido provenía de sus huesos".

"La mujer que estaba allí gritó y salió corriendo para decírselo a las personas de la aldea, y todos vinieron corriendo. Entre tanto, ayudé a la muchacha para que se levantara. Lloraba, pues por primera vez en su vida podía sostenerse en sus pies, y salió conmigo de la cabaña. Allí se encontraba el jefe para verla salir, y toda la aldea se había reunido. Hasta mi familia había venido".

"Usted no puede imaginarse cómo todos gritaban y bailaban, hasta que el jefe los mandó callar y me pidió que hablara al pueblo. Les dije que usted había orado por mí para que recibiera el Espíritu Santo, y ahora podía ver a las personas sanar en el nombre de Jesús".

"En ese momento, el jefe anunció que iba a organizar una semana de reuniones evangelísticas en la aldea. Envió mensajeros a todas las demás aldeas, mandándoles que vinieran a escuchar el Evangelio. Desde ese día, no he dejado de predicar y orar por los enfermos".

"Entonces eres tú", le dije. "David, no tenía idea que tú eras el muchacho del que me habían hablado. Por toda Sudáfrica corre la noticia de que Dios está usando a un muchacho para traer un avivamiento a las tribus, y es algo glorioso".

"Sí", respondió David, "las personas aceptan a Cristo dondequiera que voy".

"Pero David", le pregunté, "¿qué tú predicas? Me dijiste que acababas de aceptar a Cristo como tu Salvador en mi reunión en la carpa aquella noche, y no has asistido a la Escuela Bíblica.

¿De dónde sacas tus sermones?" Temía que hubiera comenzado a predicar una mezcla de cristianismo y animismo, una herejía frecuente en África.

Se sonrió. "Predico todo lo que le escuché predicar a usted".

Le dije: "Si predicas lo que yo prediqué, entonces, gracias a Dios, has predicado el Evangelio. ¿Qué haces con los nuevos convertidos?"

"Vienen pastores a bautizarlos después que yo predico. Sus iglesias crecen rápidamente con nuevas personas, y se sienten contentos. Quiero agradecerle, Moruti Bonnke, por imponerme las manos y orar para que recibiera el Espíritu Santo".

"Por nada. Orar por ti en el campo aquella noche fue, indiscutiblemente, una cita divina".

Después que se fue, Anni y yo reflexionamos acerca de esta maravillosa historia. Sentí una extraña afinidad por él, pues me hizo recordar que yo era sólo un muchacho cuando recibí el bautismo en el Espíritu Santo en la iglesia Pentecostal de mi padre, en Alemania. En 1950, a la edad de diez años, recibí el llamado para ir a predicar en África. Durante muchos años mis padres no tomaron en serio dicho llamado porque era demasiado joven. Pero, así como David rompió con las tradiciones de su tribu para orar por el niño de aquella mujer y ver el poder de Dios, yo también tuve momentos en mi caminar con Dios en los cuales estuve forzado a obedecer a Dios a pesar de la resistencia de mi familia.

Una vez, me vi involucrado en un conflicto directo entre mi Padre Celestial y mi padre terrenal. Recuerdo escuchar a Dios decirme que orara por cierta mujer enferma en la iglesia donde mi padre ministraba. Yo tenía temor de que a él no le agradara, por tanto, para evitar que me viera, me escabullí a gatas por detrás de los bancos, hasta que llegué al lugar donde se sentaba la mujer enferma. Obedecí al Señor, poniendo mis manos sobre la mujer y orando silenciosamente por ella. Fue sanada instantáneamente e hizo tal alboroto en medio del servicio de adoración, diciéndole a mi padre lo que yo había hecho, que no pude continuar ocultándome, y confesé a mi padre lo ocurrido, temblando de temor. Lentamente fue aceptando el hecho de que Dios estaba obrando de manera poderosa en un simple niño.

Tanto en el caso de David como en el mío, no actuamos por rebeldía, pues respetábamos a quienes tenían autoridad sobre nosotros, pero nos encontramos en una situación en que teníamos que respetar más a Dios. Me recuerda el relato de los Evangelios, cuando la madre y los hermanos de Jesús fueron a buscarlo y Él los ignoró, diciéndole a la multitud que cualquiera que hiciera la voluntad de su Padre que está en los cielos sería su hermano, su hermana y su madre. De alguna manera, creo que la transición entre obedecer la autoridad terrenal y obedecer la autoridad de Dios constituye una prueba esencial para quienes le sirven.

En 1967, luego de asistir a la Escuela Bíblica en Inglaterra y pastorear en Alemania, Anni y yo fuimos asignados como misioneros en Sudáfrica. Llegamos con la pasión por predicar el Evangelio a las masas de africanos que se encontraban sedientos espiritualmente. Pero al principio nos encontramos sirviendo en iglesias de blancos, en un país que mantenía una estricta separación de las razas, llamada apartheid. Recibí instrucciones de no llamar "hermano" o "hermana" a los cristianos negros, y no se me permitía darles la mano, y mucho menos un abrazo.

Con frecuencia me invitaban a predicar en iglesias de blancos, pues les gustaba mi ministerio, lo cual no era común para un joven misionero en aquellos días, y debo confesar que me sentía halagado. Llegó el momento en que fui invitado para ser el pastor de la iglesia de blancos más grande en toda Sudáfrica. ¡Un gran honor! Pero produjo en mi vida una crisis con respecto al llamado que Dios me había hecho. Rechacé la oferta, diciendo que desde que tenía diez años no fui llamado a predicar a los blancos en África, pues había suficientes en Alemania.

Seguidamente, fui asignado a una misión más pequeña en el lejano reino de Lesoto. Mi familia y yo nos mudamos a vivir entre negros africanos. Allí los podía llamar "hermano" y "hermana", darles la mano y abrazarlos sin irrespetar las estipulaciones del apartheid.

Pero en la misión de Lesoto encontré solamente cinco personas dispuestas a escuchar mis sermones algunos domingos. Obedeciendo la Gran Comisión, salí de las paredes de la iglesia a predicar a las personas. Tomé mi acordeón y fui a las paradas de ómnibus y a los mercados, sin esperar que fuera domingo. Tocaba y cantaba hasta que atraía un grupo, entonces tomaba la Biblia y comenzaba a predicar a las personas que se habían acercado a escuchar la música. Aquellos años en Lesoto revelaron posteriormente que mi verdadero llamado era el de evangelista.

Me preguntaba qué había hecho a David pasar por encima de los fuertes tabúes de la tribu que tanto respetaba. ¿Qué lo había llevado a pedirle a la mujer que lo dejara orar por su hijo enfermo? Ya lo había dicho: consistía en un amor inmenso dentro de sí. Esa misma fuerza era la que me había impulsado a ir más allá de lo que los demás esperaban de mí, y yo lo llamaba de diferentes maneras: compasión, el amor de Cristo, el llamado de Dios.

Significaba mucho más que simpatía, empatía o afecto, ya que provenía del Espíritu Santo que moraba en mí. La descripción que hizo David del amor de Dios imposible de resistir coincidía con mi experiencia con respecto a dicha compasión divina. En estos aspectos, me identifiqué con el muchacho de las tribus de Transvaal.

Me hubiera gustado terminar esta historia aquí. En lo que a mí respecta, lo hubiera hecho, pero el Señor me ha pedido que continúe. La verdad acerca de David contiene una enseñanza que resulta mejor que un buen final. Fuentes confiables me han asegurado que David abandonó su tribu en el norte para perderse en los impenetrables barrios bajos de Soweto. Ya no se relaciona con los demás cristianos, ni anda en los caminos de Dios.

Esto debe servir como una alerta a cada uno de nosotros. No importa cómo se haya manifestado el poder de Dios en nuestras vidas, podemos escoger apartarnos de nuestra relación con Él. Aquél que crea estar firme, mire que no caiga, dice la Palabra de Dios.

No cabe duda que constituye un proceso lento, y existen muchos factores que pueden hacernos perder la sensibilidad al amor de Dios. Los problemas de la vida pueden ahogar la Palabra de Dios y hacerla infructífera, como nos advierte Jesús en su parábola. David debió haber pasado por fracasos, decepciones, desalientos, reveses, pruebas, tentaciones … las cuales nos llegan a todos. Pero cada día debemos optar por tomar la cruz y seguir a Jesús, de lo contrario, un día, como el hijo pródigo, nos despertaremos en bancarrota espiritual, viviendo en nuestra propia pocilga, y preguntándonos cómo llegamos ahí.

Hace poco di un recorrido en mi auto por Soweto. Me agrada viajar en mi auto y mezclarme con las personas de una ciudad antes de predicar en ella, pero en esta ocasión no iba a predicar, solo manejaba, buscando a David. No significa que esperara encontrarlo, pues sería como hallar una aguja en un pajar. Aun así, continué manejando con dolor en mi corazón, hasta que cayó la noche.

Iba pensando: ¿Qué le diría a David si de pronto apareciera en el camino? Ahora tendría cuarenta y cinco años. ¿Lo reconocería? ¿Cómo reaccionaría?

Mi respuesta no demoró. Saldría del auto y correría hacia él para abrazarlo. Le aseguraría que el amor de Dios es el mismo hoy como lo era aquella oscura noche en 1977, que puede comenzar de nuevo, y que me gustaría ayudarlo en su viaje hacia la restauración.

Si me concediera suficiente tiempo, lo alentaría con la historia de Pedro, cuando regresó al mar de Galilea para volver a su oficio de pescador, después de haber negado tres veces que conocía a Jesús, la noche de la crucifixión. Ni siquiera la resurrección había borrado la pena, pero Jesús no lo reprendió ni lo condenó, sino que fue y lo buscó.

Jesús fue a la orilla y llenó las redes de Pedro con peces, para que recordara su llamado: *"Venid en pos de mí, y os haré pescadores de hombres"* (Mateo 4:19). Luego le preparó comida a la orilla del mar y partió el pan con él. Mientras comían, Jesús le preguntó tres veces si lo amaba. Tres preguntas para el hombre que lo había negado tres veces. Pedro comprendió, y su quebrantamiento constituyó algo bueno y necesario. Finalmente, Pedro admitió la verdad: su amor por el Señor no era digno de ser comparado con el amor que Cristo había mostrado hacia él. Tal confesión calificó al Gran Pescador para regresar al ministerio.

"Apacienta mis ovejas", dijo Jesús, en Juan 21:17.

"Ve, y haz tú lo mismo", le diría yo a David.

❧

Ahora aquella discoteca

se estremecía de una mejor manera.

Los verdaderos diamantes de Kimberley

resplandecían ante los ojos de su Padre.

Debemos aprender a escuchar la voz de Dios y obedecerla.

No la voz de una tonta religión,

ni la voz de nuestros temores y prejuicios.

Cristo nos enviará donde se encuentran los perdidos,

sin tener en cuenta que nos resulte incómodo.

Siempre constituye una aventura seguir su guía,

buscando y salvando a los perdidos.

Capítulo 4

Los diamantes de Kimberley

Yo era aún un joven misionero, todavía no era conocido como evangelista, y estábamos comenzando a ver un cambio en el reino de Lesoto. Las noticias de nuestro éxito se escuchaban por toda la región. Corría entonces el año de 1973.

Mi teléfono sonó, y Howard Horn, alguien a quien conocía desde que era un aprendiz en Sudáfrica, me dijo: "Reinhard, ven a Kimberley para que prediques en nuestra iglesia".

"Iré", le dije, y así lo hice.

Kimberley era un pueblo de unos 100.000 habitantes, localizado a 240 kilómetros al oeste. Como Maseru, donde yo vivía, Kimberley era una comunidad aislada en las montañas, y durante un siglo, había sido famosa por sus minas de diamantes. Los diamantes más grandes del mundo provenían de allí. Toda aquella área había sido escarpada por las fortunas extraídas de las entrañas de la tierra y, como en otros tiempos, la minería continuaba siendo el sostén de la economía.

Eran los descendientes de los colonos blancos quienes poseían y operaban las minas. Sin embargo, el trabajo duro era realizado por hombres negros, muchos de los cuales provenían de mi propio país, Lesoto. Pero la iglesia que iba a visitar en Kimberley era una congregación de "sólo blancos".

Cuando llegué, recuerdo que era una noche fría, había algunas nubes en el cielo, y un viento frío soplaba desde las montañas a nuestro alrededor. Howard me llevó a la iglesia donde iba a predicar el viernes, sábado y domingo.

La primera noche, al sentarme en la plataforma, pude observar una congregación de 200 personas. No vi ni un solo joven en aquel lugar: ni uno.

Me incliné hacia Howard, quien estaba sentado a mi lado, y le pregunté: "¿Dónde están los jóvenes?"

Dijo que sí con la cabeza, tristemente, reconociendo que me había percatado del problema. Cada cabeza en aquel lugar era gris.

Prediqué, terminó el servicio, y las personas salieron en sus autos rumbo a sus casas. Cuando se fueron, Howard se me acercó.

"Reinhard, ¿quieres ver la respuesta a tu pregunta? ¿Quieres saber dónde están todos los jóvenes de Kimberley?"

"Sí, me gustaría saberlo", le respondí.

"Te lo mostraré. Entra en mi auto y te llevaré".

"¿Adónde me llevas?"

"Es una sorpresa", dijo, actuando de manera misteriosa.

Iba por las calles doblando por aquí y por allá hasta que llegamos a una edificación grande al margen de una zona de almacenes, la cual resplandecía con llamativos letreros de neón. En un gran letrero lumínico parpadeaba la palabra *discoteca*.

El parqueo estaba totalmente abarrotado de vehículos. Parqueamos en la calle, a una cuadra de distancia. Cuando Howard quitó la llave del auto, pude escuchar el bom, bom, bom de los fuertes bajos a través de las paredes del edificio. Aquello que llamaban música parecía estremecer la tierra debajo de nosotros con un espíritu impío.

"Esto es una guarida de iniquidad", dije con tristeza. "¡Qué horrible! Así que es aquí donde se han ido los jóvenes".

Él asintió. "Es lo que está de moda, Reinhard, le llaman discoteca. No es más que una locura que está barriendo todo el mundo en estos momentos, y la juventud en todas partes se siente muy atraída hacia ella".

Sentí un escalofrío que bajaba por toda mi espalda. ¿Cómo podría la iglesia competir por la atención de los jóvenes contra una tentación como ésta? La tranquila iglesia de la que habíamos salido, y este gigante almacén vibrante no podían encontrarse en una mayor oposición. La discoteca era tan grande, tan llena de energía, tan alto el volumen, y tan abrumador el ambiente.

Nuevamente, pude ver los rostros de las personas mayores a quienes les había predicado una hora antes. Todos habían acudido a escuchar a Reinhard Bonnke predicar en un lugar donde no había jóvenes. Ahora, sin dudas, estarán sentados en casas donde no hay jóvenes. La juventud está aquí, inmersa en todo tipo de placeres sensuales. Al menos pueden sentir la confianza de que sus padres y sus abuelos no los molestarán, pues esa generación no se atrevería a entrar en una atmósfera tan aterradora e impresionante.

Howard salió y se quedó recostado en su auto durante un rato, escuchando. Yo también salí, y me quedé junto a él.

Ahora podíamos escuchar la música por encima del resonar de los bajos, aunque yo realmente no le llamaría música. Pensé en cómo tocaba el acordeón suavemente, cantando canciones alegres acerca de Jesús para atraer a las personas en las calles de Lesoto. El sonido de mi pequeño acordeón aquí quedaría ahogado por completo, y nadie lo notaría. Comencé a sentirme pequeño e insignificante.

"¿Qué es lo que ven los jóvenes en esta discoteca, Howard?", pregunté.

Movió la cabeza, desconcertado. "No sé, realmente no lo sé".

Al poco rato, dijo: "Vamos a entrar".

"Ah, no", le dije. "Vamos a casa. Yo nunca he entrado en un lugar como ese, para mí sería una abominación, y no sabría como actuar. ¿Y qué pensarían de mí como predicador? Ni pensarlo".

Hasta ahora, había acompañado a Howard sólo por curiosidad. *"¿Dónde están los jóvenes?"* Había sido mi pregunta, y ya tenía la respuesta. Era una triste realidad de la vida moderna, pero yo no podía hacer nada para reparar el abismo entre los jóvenes y las personas mayores en Kimberley, ni en cualquier otra parte del mundo. Solamente un avivamiento de fe en Jesús podría hacerlo.

Todo lo que podría hacer era ir a predicar nuevamente a las personas mayores el sábado y el domingo. Quizás Dios toque sus corazones y comiencen a marcar la diferencia en la vida de sus hijos. Parecía ser lo mejor que podría lograr.

Pero al volverme para entrar al auto, sentí un peso en mi interior y me detuve. Fue en ese instante cuando el Espíritu Santo comenzó a hablarme. Si ya había llegado hasta aquí, no podía retirarme, pero no tenía idea de lo que el Espíritu quería que hiciera. Sólo sabía que no podía irme.

"Echemos un vistazo adentro", sugirió Howard.

De pronto, tal sugerencia parecía correcta, pues mi espíritu me decía que sí. "Está bien, echemos sólo un vistazo a esta discoteca".

Caminamos hacia el edificio. No tenía idea de lo que haría, pues iba en contra de todo en mi cuerpo y en mi mente, pero no en contra de mi espíritu. Simplemente obedecí. Llegamos a la puerta y nos detuvimos. Sentí que el Espíritu me decía claramente: *"Mira hacia adentro, y te mostraré algo que no conoces".*

Tomé aliento y abrí la puerta. La ráfaga de música debió haber levantado el pelo de mi frente. Nunca antes en mi vida había escuchado un volumen tan alto. Era ensordecedor, pero fue en aquel instante cuando recibí una visión espiritual de la realidad de la discoteca. Bajo del juego de luces, lo que veía no eran jóvenes bailando con alegría, sino frías imágenes de aburrimiento, temor, soledad e inseguridad, una tras otra, capturadas en los rostros de aquellos jóvenes. El parpadeo de las luces revelaba estas imágenes una y otra vez, las cuales me hablaban de un gran vacío en sus vidas.

Ahora sabía lo que el Espíritu quería darme a conocer, y no era precisamente lo que yo esperaba ver. Estos jóvenes asistían a la discoteca en busca de algo que no podían hallar, y por mucho que se entregaran al ritmo de la música, siempre salían con el mismo vacío.

En ese momento, comprendí que yo poseía lo que ellos estaban buscando. Yo podía mostrarles el camino a una relación con Dios por medio de Cristo Jesús y cómo vivir una vida plena de gozo a pesar de las muchas decepciones de este mundo. Pero todas las bendiciones de una vida en Cristo nunca les alcanzarían en una discoteca, por mucho que bailaran. ¿Y cómo podrían escuchar la verdad sin un predicador? Un predicador no entraría a este lugar ni muerto.

Perdí la curiosidad, y en su lugar sentí que de mí brotaba la innegable compasión de Cristo. Tuve deseos de llorar por la preciosa búsqueda de la juventud de Kimberley. Vivían en una ciudad donde reinaba la ambición por encontrar diamantes, sin saber que ellos eran los verdaderos diamantes que Dios buscaba. Ante sus ojos, valían más que montañas de riquezas. Tanto así, que Jesús murió por ellos.

De pronto, sentí que no me importaba lo que pensaran de mí, sólo sabía que debía entrar y predicar en esa discoteca. Nada podía oponerse al amor que Cristo estaba ministrando a mi corazón hacia aquella juventud.

Cerré la puerta y miré a Howard. Escuché la voz del Espíritu hablar a mi corazón: *"Busca al dueño de este lugar"*. Y le dije a Howard: "Ayúdame a encontrar al dueño de esta discoteca".

"¿De qué serviría?"

"Debo hablarle. Vamos a buscarlo ahora mismo".

"Pero, ¿qué le dirás?"

"Le pediré que me permita predicar en su discoteca".

Howard se echó a reír. "Tú no harías eso, Reinhard".

"Lo haré, seguro que lo haré".

Howard me acompañó. Dentro de la discoteca pregunté, y nos llevaron a una oficina en la parte de atrás del edificio. El dueño era un hombre de negocios de mediana edad, quien parecía ser parte de la cultura del rock and roll, pues tenía el pelo largo, cadenas doradas en el cuello, una camisa de cuello abierto, y pantalones de mezclilla.

Le dije: "Señor, he venido desde Alemania y deseo solicitarle permiso para dirigirme a los jóvenes que se encuentran en su discoteca, sólo por 5 minutos".

Me miró de pies a cabeza. "Usted es predicador", me dijo.

Todavía llevaba puesto mi traje y mi corbata, por lo que lucía como si hubiera acabado de salir de la iglesia. Asentí.

Me dijo: "Si desea predicar, tendrá que hacerlo en una iglesia".

"No hay jóvenes en la iglesia", le dije, "por tanto, el predicador viene donde están los jóvenes. Lo único que le pido son 5 minutos".

"Tiene que estar bromeando". Movió su cabeza, dio la vuelta y se alejó. "De ninguna manera, hombre". No mostró compasión alguna hacia mi ruego.

Salimos caminando, y en ese instante, el Espíritu Santo me tocó, diciéndome: *"Háblale de lo que viste al mirar dentro de su salón de baile"*. Salí detrás del hombre y lo tomé del brazo. Nuevamente me miró.

"Quiero hacerle una pregunta, señor", le dije, mirándole profundamente a los ojos. "¿Usted cree que los jóvenes encuentran en su discoteca lo que necesitan para la vida?"

El rostro de aquel hombre cambió lentamente y bajó su mirada de manera pensativa. Cuando levantó su rostro, dijo: "Es extraño que haya dicho eso, pues tengo hijos, y muchas veces he pensado que la discoteca no le dará a los jóvenes lo que ellos necesitan".

"Le ruego, señor, 5 minutos".

Permaneció pensativo por un momento. "Está bien, pero no será esta noche, sino el sábado, mañana, a la media noche, le daré el micrófono por 5 minutos".

Estreché su mano. "Es un trato. Muchas gracias señor, aquí estaré".

Estaba tan contento que le hubiera dado un beso. Pude sentir la presencia del Espíritu Santo en medio de todo lo que estaba ocurriendo. Era algo que a mí nunca se me hubiera ocurrido.

Mientras Howard me llevaba para mi habitación empecé a sentirme mal conmigo mismo, pues solamente había pedido 5 minutos. ¿Cómo pude ser tan estúpido?

Comencé a orar: "Señor, fui un tonto al pedir sólo 5 minutos. Ahora me encuentro enmarcado en esos 5 minutos porque puse ese número en su cabeza. ¿Por qué lo dije?" Luego de permanecer un tiempo más en silencio, oré nuevamente, un poco mejor esta vez. "Señor", dije, "no hay nada difícil para ti, que creaste el mundo en seis días. En 5 minutos puedes salvar la discoteca, pero por favor, no permitas que mi estupidez me traiga problemas. Amén". Pasé toda la noche dando vueltas, orando y orando.

La noche siguiente prediqué a las personas mayores en la iglesia, pero no recuerdo nada. Creo que debo haber predicado muy mal, pues mi corazón saltaba ante la expectación de lo que pasaría al dirigirme a los perdidos en la discoteca esa noche. Cuando la congregación se marchó hacia sus hogares, le pedí a Howard que me llevara a mi habitación. Me quité el traje y me vestí con ropa casual, para no parecer un predicador acabado de salir de una iglesia. Necesitaba un camuflaje de discoteca. Howard fue a su casa y también se cambió de ropa.

Cuando entramos en su auto, se detuvo a mirarme. "Reinhard Bonnke, ¿qué pensarían las personas de la iglesia si supieran adónde vas esta noche?"

"Creo que nunca más vendrían a escucharme", le dije. "Tú no les dirás nada, ¿verdad?"

Se sonrió diciendo: "Por supuesto que no".

"Ni yo tampoco".

Llegamos a la discoteca a las 11:30 p.m. El parqueo estaba aún más abarrotado que el viernes. Creo que en Kimberley existía lo que llamaban "fiebre del sábado en la noche". Puse mi Biblia bajo el brazo y tomé mi acordeón. No sé por qué lo tomé, pero ahí estaba conmigo.

Dentro, estaba sumamente abarrotado. Hombro con hombro, tuvimos que empujar entre las personas para llegar a un lugar donde nos pudiéramos sentar. Finalmente, llegamos a un bar y me senté en una banqueta a esperar que fuera la medianoche.

Cuando el reloj dio las doce, se detuvo la música. Subí al escenario donde estaban los tocadiscos. Tomé el micrófono del disk jockey y grité: "Siéntense, siéntense, siéntense. He venido desde Alemania, y tengo algo muy importante que decirles".

Enseguida los jóvenes comenzaron a sentarse dondequiera. Fue cuando me di cuenta de que no me encontraba en una iglesia, sino en un salón de baile. No había bancos, sólo algunas banquetas en el bar. Muchos de ellos se sentaron en la pista de baile, con sus cigarrillos y su goma de mascar, en espera de que yo comenzara.

Prediqué durante un minuto, dos minutos, de pronto, allí estaba el Espíritu Santo, y la presencia de Dios llenaba la discoteca. En ese momento, escuché algunos sollozos, y pude ver por todas partes a los jóvenes sacar sus pañuelos y secar sus lágrimas. Una cosa sé, y consiste en que cuando las personas comienzan a derramar lágrimas, es el momento adecuado para hacer el llamado, y sabía que mi tiempo volaba.

Les dije: "¿Cuántos de ustedes desean recibir a Cristo como su Salvador? ¿Cuántos desean encontrar perdón para sus pecados y entrar en el plan de Dios para sus vidas esta misma noche?"

Todas las manos que mi vista alcanzaba a ver se levantaron. Les dije: "Muy bien, repitan conmigo".

Oramos juntos la oración de profesión de fe. Mis 5 minutos se agotaron y mi trabajo estaba hecho. Salí de allí como si caminara en las nubes, con el gran regocijo de haber tenido el privilegio de ayudar a aquellos jóvenes a encontrar lo que nunca habrían hallado en su discoteca.

Un año después regresé a Kimberley. Howard me recibió en el aeropuerto y me dijo: "Entra en mi auto, tengo una sorpresa para ti".

Entré en su auto, pero no mencionó nada, sólo condujo por las calles hasta llegar a la zona de los almacenes. El auto se detuvo y miré por la ventana. No podía creer lo que veían mis ojos. Me los limpié y volví a mirar. En lugar del gran letrero lumínico de la discoteca, había una enorme cruz en la fachada de aquel edificio.

"Esta no es la sorpresa", dijo Howard. "Ven conmigo".

Caminamos hacia la puerta donde habíamos estado un año antes, la puerta que el Espíritu Santo me había dicho que abriera. Recordaba la música estridente que golpeó mis oídos aquel sábado en la noche. Pero ahora escuché un sonido diferente que venía desde adentro, un canto que aumentaba su volumen.

"¿Te encuentras preparado, Reinhard?" Howard abrió la puerta y pude ver el lugar completamente lleno de jóvenes que coreaban: "Bonnke, Bonnke, Bonnke".

Lloré de alegría. Corrieron hacia mí, abrazándome y tomándome de las manos para llevarme hacia adentro.

Un joven me dijo: "¿Me recuerda? Yo era el disk jockey la noche en que usted estuvo aquí".

Otro me dio la mano. "Yo estaba operando el juego de luces".

Otro dijo: "Aquella noche bailábamos, pero ahora servimos a Cristo".

"Después que saliste del pueblo, la discoteca cayó en bancarrota", me dijo Howard, gritando. "¡La discoteca es ahora una iglesia!" Lo expresó irradiando una gran alegría.

Un señor bien parecido se me acercó. "Al saber lo que ocurrió a los jóvenes en este lugar, mi iglesia me nombró como pastor de estos muchachos".

Nuevamente subí al escenario, y miré aquellos rostros, tan diferentes de los que había visto bajo el juego de luces un año atrás. Ahora todas las luces estaban encendidas, pero con mayor intensidad, la luz del Señor resplandecía en cada rostro.

Apunté hacia el cielo y grité: "¡Jesús!"

"*¡Jesús!*" Gritaron ellos a una voz, haciendo temblar las paredes.

"¡Gloria a Dios!"

"*¡Gloria a Dios!*"

"¡Él es Señor!"

"*¡Él es Señor!*"

"¡Aleluya!"

"*¡Aleluya!*"

☙

Como evangelistas

y testigos del poder de Dios,

no necesitamos demostrar lo inteligentes que seamos,

sino ser claros en nuestro mensaje,

el cual consiste en el evangelio sencillo,

no en un conocimiento superior.

No ayudamos a las personas

a entender bien a Dios,

sino a estar bien con Dios.

Sólo el Espíritu Santo abre

las mentes y los corazones.

Capítulo 5

Rompiendo ataduras

En 1970, yo no era más que un joven misionero esforzado en Lesoto, África. A veces, sólo unas pocas personas acudían a escucharme predicar, por tanto, en lugar de trabajar en un salón vacío, me iba donde se encontraban las personas. En Maseru, la capital, donde yo vivía, predicaba cuatro veces al día en los mercados, en las paradas de ómnibus, y en las escuelas. Esta historia tuvo lugar durante aquella primera etapa de mi ministerio.

Dolphin Monese era un joven estudiante de Maseru. Poseía una amplia y alegre sonrisa, y unos vivaces ojos pardos; pero cuando discutía, unía sus cejas y apretaba sus mandíbulas. Parecía tomar muy en serio sus argumentos.

Dolphin estudiaba las enseñanzas de los Testigos de Jehová, pues le gustaba la manera en que atacaban a la Iglesia cristiana. La iglesia en el reino de Lesoto estaba débil y carente de efectividad, y Dolphin prefería atacarla, en lugar de seguir tras una religión muerta. En Maseru, se había convertido en un campeón entre los Testigos de Jehová.

Cada día, caminaba hacia la escuela con un grupo de amigos, debatiendo acerca de los asuntos de la vida, e impresionándolos con sus conocimientos. Un día, mientras caminaba, vio a un ciego en una parada de ómnibus tocando su acordeón para recibir dinero a cambio. Dolphin decidió acercarse, especialmente porque el mendigo era un hombre blanco, pero al hacerlo, se dio cuenta de que no era ciego ni mendigo, sino que cantaba alegres canciones de alabanza a Dios en sesoto, el dialecto local. *Este hombre no es más que un necio,* pensó.

De pronto, el hombre soltó el acordeón, tomó su Biblia, y comenzó a predicar. Uno de los hombres del grupo interpretaba lo que él decía. Esto era un truco, pues el hombre utilizaba la música para atraer a las personas. *Al menos, el necio era inteligente,* pensó Dolphin. Sabía que no era tarea fácil reunir a un grupo de personas en Maseru para escuchar una predicación.

No había de qué preocuparse, pues Dolphin había leído muchos libros acerca de la Biblia y sabía que los cristianos consideraban a Jesús igual a Dios, como parte de lo que llamaban la Trinidad. Como podía vencer aquellas tontas doctrinas con facilidad, escucharía el mensaje del predicador, para luego discutir con él y ponerlo en su lugar. Esto provocaría un poco de diversión, y sería una manera más de impresionar a sus amigos.

Como habrás podido suponer, yo era el mendigo ciego que estaba en la calle aquel día, predicando a las personas. Mi trabajo en Maseru sólo había dado frutos en algunas ocasiones. Por ejemplo, al final de mi primer sermón en una parada de ómnibus, un hombre de alta estatura pasó al frente. Nunca lo olvidaré; su nombre era Michael Kolisang. Llevaba un manto colorido alrededor de sus hombros, el atuendo popular de la tribu Basuto. Me habló a través de mi intérprete: "Deseo recibir a ese Jesús del que acaba de predicar".

¿Qué mejor respuesta hubiera deseado para un sermón? "Deseo recibir a ese Jesús del que acaba de predicar". Pensé que quizás sería de esa manera cada día en Maseru. Lo que no sabía era que sólo había sido suerte de principiante, aunque no sea la expresión más adecuada. Después de aquel día, prediqué muchos sermones sin ver respuesta alguna.

Lo llevé al asiento delantero de mi minibús Volkswagen, y con la ayuda del intérprete desde el asiento trasero, lo guié a través de la Palabra de Dios con respecto a la salvación, y oré con él aceptando a Cristo como su Salvador. Desde entonces, Michael Kolisang ha permanecido a mi lado, y hoy es un obispo en Lesoto, pastoreando una próspera congregación.

Pero respuestas como éstas fueron pocas. Dolphin Monese fue un caso diferente. Tan pronto como terminé mi sermón aquel día, pasó adelante, pero no para aceptar a Cristo, sino para discutir conmigo. Sabía hablar inglés, por lo tanto, podía discutir sin necesidad de un intérprete.

Mi intérprete se sentía feliz por el descanso. Decía que nunca antes había trabajado tan duro para un predicador, interpretando cuatro sermones al día. Hasta me pidió un aumento de salario.

Dolphin presentó rápidamente sus argumentos como Testigo de Jehová. Yo sólo sonreí y escuché, pues sabía que no podía cambiar la manera de pensar del joven retándolo a una batalla en el campo de la mente. Lo invité a sentarse conmigo en el borde de la calle, y así lo hizo.

Yo sabía que en lo profundo de su ser, Dolphin se encontraba abrumado por las demandas de sus propios argumentos, pero no sabía si estaba lo suficientemente cansado de ellos como para sentir el deseo de liberarse. Parecía como si le agradara discutir tanto, y así continuó su ataque al Cristianismo hasta que todas las personas que se habían reunido aquel día se fueron, incluyendo a sus amigos. Sólo quedamos él y yo sentados en el borde de la calle, y uno de los dos era el que hablaba.

"¿Puedo decir algo?", pregunté.

Él no había terminado la idea, y tuve que concluirla antes de que se detuviera por sí mismo. Al final se detuvo. "Sí, ¿de qué se trata?"

"Deseo que sepas cuánto te ama Dios. Tú y yo, así como todas las personas en el mundo nacimos en pecado, condenados a una eternidad en el infierno, sin embargo él nos amó tanto que ..."

"El infierno no existe", dijo, interrumpiéndome. "El castigo en el infierno no es más que una idea creada por los Papas, con el propósito de infundir temor en las personas para poder controlarlas. Yo no voy a caer en un error como ése".

"Tendrás que contender con la Palabra de Dios, Dolphin, pues la Biblia habla claramente del tormento eterno, lo cual no fue creado por los Papas. Pero la buena noticia consiste en que Dios amó al mundo que estaba en pecado, y dio a su único hijo como sacrificio por todos nosotros. La salvación constituye un regalo, y el precio ya alguien lo pagó por nosotros. No lo podemos ganar por ser inteligentes, o por hacer todo lo correcto. Cuando aceptamos el gran regalo de Dios, Él nos llena de paz y amor, y nos promete una vida eterna con él en el cielo. ¿Has aceptado a Jesucristo como tu Salvador?"

Dolphin se fue, prometiendo que regresaría para completar la rectificación de mi mala teología. Le dije que podía regresar, pero debo admitir que en mi interior vacilé, pues sabía que podía aprovecharse de la puerta que le había abierto.

Y así lo hizo, de hecho, se mantuvo regresando cada día. El receso en su escuela coincidía con el horario en que yo predicaba en la parada de ómnibus, por lo que venía y me escuchaba, y al salir de clases, pasaba por el mercado en tiempo para otro de mis sermones. No perdía la oportunidad para nuevas discusiones, continuando día a día con el mismo patrón.

A su debido tiempo, encontraba la oportunidad para responder a la mayoría de sus argumentos con una base bíblica, pero no era suficiente para que se convirtiera. Se acercaba una y otra vez para discutir, y tal vez por otras razones que no admitía delante de mí. Era un hueso duro de roer.

Un día, mientras predicaba, sentí una unción y una presencia del Espíritu Santo de manera poderosa. Al terminar mi sermón ese día, Dolphin pasó al frente.

"Estoy listo para aceptar a Cristo como mi Salvador", dijo.

Mi corazón se llenó de un gran asombro, casi no lo podía creer, pues era un momento extraordinario. De pronto, este joven se quedó sin argumentos para discutir.

En aquel momento, el Espíritu Santo me susurró al oído lo que debía hacer. Sentí, en mi conversación interna con el Señor, que Dolphin no debía simplemente decidirse por Cristo, sino que al mismo tiempo debía realizar una clara separación de los Testigos de Jehová, porque constituía una fuente de ataduras que continuaría actuando sobre él.

"Entra en mi auto", le dije.

Una vez dentro, le hablé diciendo: "Te llevaré a tu casa y quemaremos todos tus libros de los Testigos de Jehová. ¿Te sientes preparado para hacerlo?"

Inmediatamente, se desató una lucha en su interior. La mayor parte de su conocimiento provenía de esos libros, y siempre había dependido de ellos. Le habían proporcionado orgullo, así como un lugar en el mundo, haciéndolo sentir superior. Pensé que si no lo llevaba a tomar una decisión clara, caería en una etapa de lucha interna mucho tiempo antes de que pudiera quedar finalmente libre. Podían transcurrir años sintiéndose frustrado.

"Escoge a Cristo o a los Testigos de Jehová", le dije. "Debes elegir, pues sólo hay un camino".

Luego de haberlo pensado, asintió. "Sí, tienes razón. Vamos por los libros".

Su actitud fue una señal de que el Espíritu Santo había entrado en su corazón, y estaba siendo receptivo a su poder para limpiarle. Junto a esos libros, iba a estar quemando el puente que lo unía a su pasado, el cual hubiera sido usado por el diablo para que Dolphin tuviera un tráfico constante entre Jesucristo y los Testigos de Jehová durante mucho tiempo.

Lo llevé a su casa, y al salir, trajo consigo muchos libros, los cuales depositó en mi auto.

"¿Son todos tus libros?"

"Tengo otro librero lleno en casa de mi abuela".

"Iremos a buscarlos. Entra, te llevaré".

"Pero aquellos libros no son míos, son sólo prestados".

"Yo los pagaré, pero hoy los quemaremos todos, prestados o no".

Dolphin estuvo de acuerdo. Buscó los demás libros y los puso en el auto. Compré un galón de gasolina y fuimos para la casa de su hermano, donde él sabía que podía encontrar un barril dónde quemarlos. Le pedí que pusiera los libros en el interior del barril y derramamos el combustible sobre ellos.

Le di el fósforo, y al encenderlo y lanzarlo al barril, subió una gran llamarada de fuego. Sentí un gran alivio, pues al quemarse los libros, pude ver cómo nacía un nuevo Dolphin Monese. La carga de un pesado yugo religioso había sido cambiada por el yugo fácil y la carga ligera de vida en Jesucristo. En lo adelante, el gozo, la paz, la bondad, la mansedumbre, y todo fruto del Espíritu sería derramado sobre él.

En los años siguientes, Dolphin creció en su fe. En muchas ocasiones le pedí que me sirviera de intérprete, y así aprendió mucho acerca de la predicación y la ministración. Asistió a la Escuela Bíblica y hoy es pastor de una maravillosa congregación en Lesoto. Su personalidad y su intelecto se encuentran sometidas a la voluntad del Señor, y su sonrisa encantadora y su rostro agradable han brindado gozo y consuelo a miles de personas.

ల

Esta historia nos revela

una lección importante.

Si no has obedecido a la suave

voz del Espíritu Santo

hablando a tu corazón,

aún no es demasiado tarde.

Puedes comenzar hoy,

mañana de nuevo y

otra vez al día siguiente.

Sus misericordias

son nuevas cada mañana.

Capítulo 6

Lazos que unen

El puente colgante no tenía barandas ni soportes para evitar que se balanceara. Se extendía peligrosamente sobre un abismo profundo y rocoso, y sólo contaba con dos cables y tablillas de madera atadas a ellos, nada más. Ni siquiera tenía pasamanos, por lo que, a mi modo de pensar, no constituía una vía adecuada para transitar, sino una trampa mortal. A mí no se me habría ocurrido atravesarlo.

Fue entonces cuando me di cuenta de que alguien intentaba cruzar por el puente. Como si fuera un aficionado a caminar sobre cuerdas a grandes alturas, el hombre extendía sus manos para no perder el equilibrio. Se deslizaba hacia el otro lado paso a paso, mirando fijamente a sus pies, y sus piernas que temblaban. El sendero de madera se movía, oscilando debajo suyo.

Me apresuré hacia el borde del precipicio y miré hacia abajo. No se veía el fondo del desfiladero, pues se encontraba cubierto con una espesa neblina que se movía como un río a través de aquella gigantesca incisión en la tierra.

Observé al hombre y vi que había avanzado, pues le quedaba menos de la mitad del camino para llegar al otro lado. Le deseaba de todo corazón que llegara bien, pero de pronto la niebla comenzó a subir como una corriente térmica que salía del cañón, cubriendo el puente justo frente a él. No se había percatado, pues no apartaba su mirada de sus propios pies. Yo estaba totalmente seguro de que si penetraba en la niebla, perdería el equilibrio y recibiría una caída mortal.

Corrí hasta la base del puente para ver si podía rescatarlo, pero al llegar, me percaté de que si ponía un pie sobre aquel puente raquítico, provocaría que el hombre perdiera el equilibrio. Solamente podía alertarlo.

"¡Señor, deténgase!", le grité. "¡Debe detenerse! La niebla está frente a usted".

El hombre se volteó para mirarme. En aquel momento, un inmenso dolor atravesó mi alma. El hombre era mi propio hermano Jürgen, quien, ignorando mi advertencia, nuevamente se volteó, desapareciendo en la niebla.

"¡Jürgen! ¡Jürgen!", grité.

Entonces escuché un grito debajo de mí, que se debilitaba mientras caía al precipicio.

"*¡Reinhaaaaard!*"

Desperté. Mis sábanas estaban empapadas de sudor y mi corazón palpitaba de agitación. Muchos sentimientos hacia mi hermano que habían sido enterrados surgieron en mi corazón y en mi mente. Deseaba llorar en alto por Jürgen, pues sabía que se había alejado de Dios.

"Señor, ¿qué significa lo que acabo de ver?"

La respuesta fue clara y específica: "*Jürgen se encuentra en el puente hacia la eternidad. Si no amonestas al impío, su sangre demandaré de tu mano*".

Objeté: "Señor, no tiene sentido. Yo sé que Jürgen se ha alejado de ti, pero ¿cómo se supone que debo prevenirlo, cuando él conoce el camino a la salvación tan bien como yo?" *"Si no amonestas al impío, su sangre demandaré de tu mano".*

No sé por qué razón cuestioné a Dios. Quizás reaccioné como la Virgen María cuando el ángel Gabriel le anunció que iba a tener un hijo. En su mente natural, no tenía sentido, por lo cual dijo (Lucas 1:34): "Señor, ¿cómo ocurrirá esto, si no conozco varón?". Ésta no es una pregunta incrédula, sino un recurso para hallar la mejor manera de obedecer a Dios.

De la misma manera, las instrucciones que me dio el Señor carecían aparentemente de sentido. Pero yo sabía bien que todo lo bueno de la vida, así como todos los frutos que había logrado, habían sido simplemente el resultado de la obediencia a su voz, sin cuestionarla. Comencé a obedecerla siendo un niño de diez años, y nunca ha cambiado en mí esa clase de obediencia. Pero como adulto, a veces hago preguntas, y lo comparto aquí contigo porque, casualmente, también tú lo haces. Dios habla, y tu mente natural trata de impedir que sus palabras lleguen a tu corazón. Está bien preguntarle.

Existen tres razones por las cuales te he mencionado la manera en que cuestioné al Señor. Primeramente, porque necesitas saber que todos somos iguales, o sea, lo que es posible para mí, lo es también para ti, tanto para bien como para mal. También, porque he comprendido que constituye una lección que no se aprende de una sola vez, pues somos humanos, y cada día nos deslizamos, cayendo nuevamente en nuestra manera natural de pensar. Y por último, porque aunque protesté, finalmente obedecí la voz del Espíritu. En la parábola de los dos hijos en Mateo 21, Jesús honró al que dijo "no" a su padre pero luego lo volvió a pensar y obedeció, y condenó al que inmediatamente estuvo de acuerdo pero nunca llegó a obedecer la voz de su padre.

Esta historia nos revela una lección importante. Si no has obedecido a la suave voz del Espíritu Santo hablando a tu corazón, aún no es demasiado tarde. Puedes comenzar hoy, mañana de nuevo y otra vez el día siguiente. Sus misericordias son nuevas cada mañana.

Mis recuerdos de Jürgen inmediatamente me llevaron hacia nuestra infancia. Éramos seis hermanos, nacidos de Hermann y Meta Bonnke. Antes de conocer a Cristo, nuestro padre era soldado de profesión en el ejército alemán, sirviendo como oficial de la reserva en una ciudad fortificada de Hitler, llamada Königsberg, en el este de Prusia. Durante ese tiempo, enfermó de tuberculosis, y en su desesperación, clamó al Señor, se entregó a Él y, al mismo tiempo, quedó sano de aquella enfermedad mortal.

A partir de entonces, todo en su vida cambió. Nunca perdía una oportunidad para decirle a las personas que Dios lo había salvado y sanado. Todo lo demás que antes parecía ser importante perdió su valor al compararlo con el conocimiento de Dios. Deseaba salir de la vida militar para entregarse al ministerio a tiempo completo, pero debía terminar su carrera en el ejército alemán. Mientras tanto, encontró la manera de servir al Señor como ministro laico. Fue en ese tiempo en que conoció y se casó con Meta Sheffling, una organista de la iglesia en Danzing, una ciudad conocida hoy como Gdansk. Era el año 1933.

Los seis hijos de Hermann y Meta Bonnke nacieron entre los años 1934 y 1942, un lapso fructífero de ocho años en su matrimonio. Durante este tiempo nuestra familia vivió de manera confortable en un pequeño pueblo llamado Stablack.

Los primeros cinco hijos que les nacieron fueron varones. El mayor fue Martin, después Gerhard, y después un par de gemelos: Peter y Jürgen. En aquel momento, mamá sintió que ya había terminado de dar a luz varones, pues deseaba tener una hija. Trece meses después nací yo, y mamá lloró. *"Ay Señor, ¿por qué no fue una niña?"* Después de mí, Dios tuvo misericordia, y nació Felicitas en 1942, la única hija de los Bonnke.

Cuando crecimos y pasamos a la mayoría de edad, sólo Felicitas y yo continuamos sirviendo al Señor, los demás rechazaron la fe de nuestros padres.

Jürgen, Peter y yo estábamos cerca tanto en años como en experiencia, pues recordamos muchas cosas en común. Ellos tenían casi seis años, y yo cinco, cuando tuvimos que huir del este de Prusia para salvar nuestras vidas. Mamá empacó y emprendió el camino con todos nosotros, mientras que nuestro padre tuvo que quedarse para tratar de retrasar al ejército ruso, que comenzaba a invadir la región, ansioso por tomar venganza con todo el pueblo alemán.

Mamá oró con nosotros para que Dios nos permitiera salir a salvo de la zona de guerra. Después de orar, consiguió que nos llevaran en un camión militar a través del mar helado hasta Gdansk. Fuimos bombardeados y ametrallados por la fuerza aérea rusa a través de todo el camino. Al día siguiente, miles de personas fueron sumergidas en una tumba helada detrás de nosotros, pues el camino de hielo sufrió la fuerza del deshielo de primavera, ayudado por el constante bombardeo de los militares rusos.

Habíamos cruzado milagrosamente por una estrecha puerta de seguridad. Nos sentíamos horrorizados ante lo ocurrido a las demás personas. ¿Habrían orado ellos también? ¿No fueron contestadas sus oraciones?

Mamá oraba y leía la Biblia todos los días, buscando nuestra guía y protección. A través de la Palabra de Dios recibió la seguridad de que Él preservaría nuestras vidas al escapar por el mar. Nos preparamos para partir hacia Dinamarca en un barco de refugiados, pero en el último momento, nos negaron la entrada. Aquel barco explotó por un torpedo lanzado desde un submarino ruso, matando tres veces más personas de las que murieron en el Titanic. Una vez más habíamos sido preservados, pero ¿por qué murieron los demás? ¿Por qué nosotros no?

El barco que tomamos también fue bombardeado y ametrallado. Recuerdo que cuando subí a la cubierta pude ver un avión ruso ardiendo en llamas, que venía cayendo hacia nosotros. Al mismo tiempo, fuimos estremecidos por una gran explosión al chocar con una mina. El barco comenzó a inclinarse peligrosamente hacia un lado, pero inexplicablemente tomó su nivel por sí solo, y continuamos la travesía hasta que alcanzamos puerto seguro en Dinamarca.

Las noticias sobre las atrocidades de los nazis comenzaron a salir de Alemania, y con ellas creció el odio hacia todos los alemanes. En Dinamarca no éramos bienvenidos y, para mantenernos a salvo, fuimos colocados en un campamento hasta que se decidiera nuestro destino. Dicha acción nos preservó de la muerte en manos de las bandas que deseaban matarnos.

Cuatro años después fuimos repatriar a Alemania y finalmente nos reunimos con nuestro padre. Yo tenía nueve años y Jürgen, diez. Al comenzar el período de reconstrucción en Alemania, los Bonnke comenzaron a vivir nuevamente como una familia. Los ocho compartíamos una sola habitación en el poblado de Glückstadt, cerca de Hamburgo, en una casa pobre en bienes materiales, pero ricos en la fe.

Nuestro padre, al ser liberado de la vida militar, pronto se convirtió en un pastor a tiempo completo. Su pasión por predicar el Evangelio no terminaba en la puerta de la iglesia, sino que sus seis hijos escuchaban todos sus sermones siendo predicados en el diario vivir, pues en nuestro hogar se tomaba a Dios muy en serio. Nuestra familia había sido preservada mientras huíamos para salvarnos después de la guerra, y aquellos testimonios de liberación eran narrados con frecuencia para inculcar en nosotros el conocimiento acerca del poder y el cuidado de Dios.

Al principio, todos los hijos de la familia Bonnke aceptábamos nuestra herencia en el Señor sin cuestionarla, realizando una entrega completa a la fe de nuestros padres. Sin embargo, al transcurrir los años, Martin, Gerhard, Peter y Jürgen comenzaron a cuestionar la fe de la familia. Hasta dudaban de los testimonios de liberación, buscando otras vías naturales para explicar la forma en que escapamos al final de la guerra. No había sido la mano de Dios, decían, sino la suerte, el destino, la casualidad, cualquier cosa menos Dios. Aun la sanidad de nuestro padre de la tuberculosis podía ser explicada en términos de psicología y síntomas psicosomáticos, según ellos.

Sé que es una historia familiar, pero ocurre en muchas familias de fe. En Jueces 2:12, se nos ofrece una frase triste acerca de la historia del pueblo de Dios, la cual se repite una y otra vez en el Antiguo Testamento: "Dejaron a Jehová el Dios de sus padres, quien los sacó de la tierra de Egipto". Esta porción de las Escrituras se hizo realidad ante mis ojos cuando Jürgen y yo crecimos. Mis hermanos mayores dejaron al Señor. Constituyó algo doloroso para mí, pero para mis padres fue mucho más triste.

Mi hermana menor y yo éramos parte de la misma familia, y nos agarramos de la fe de nuestros padres hasta que se hizo completamente real para nosotros. No me explico qué hizo la diferencia, pero lo mismo ha ocurrido en innumerables familias.

Después de la guerra, en Alemania se culpaba y criticaba todo lo que provenía de la generación más adulta. La atribución de nuestro padre al favor milagroso de Dios fue echada al mismo cesto con los descubrimientos de los campos de concentración y otros horrores de la guerra. "¿Dónde estaba Dios?", preguntaban los jóvenes. "¿Pensábamos que los Bonnke eran sus preferidos?" "¿De qué les sirvió la fe a todos los desdichados que no escaparon con vida de la guerra?"

Con preguntas como éstas, mis hermanos rechazaron la fe y comenzaron a adorar la ciencia y el intelecto. Habían tomado la determinación de no cometer los mismos errores de su generación predecesora. Veían nuestra creencia en el Señor como algo fácilmente manipulado y pensaban, de manera equivocada, que utilizando sus mentes podían vivir vidas superiores. Invirtieron en sus estudios, mientras yo comencé a invertir en las actividades de la iglesia de nuestro padre. Nuestros caminos se separaron en dos polos opuestos.

Para ese tiempo, yo tenía diez años, y fue entonces cuando recibí el llamado de ser misionero en África, y al entrar en la adolescencia, tomé este llamado con toda seriedad. Mis hermanos, incluyendo a Jürgen, me dieron la espalda, despreciando abiertamente mi relación con el Señor, diciendo que era infantil y ridiculizándola como algo para tontos. Me perseguían como si fuera una especie inferior de la raza humana. Tal situación continuó hasta que fuimos adultos.

Mis hermanos asistieron a las mejores universidades, ocupándose diligentemente de dominar las disciplinas que seleccionaban en el mundo académico. Jürgen llegó a ser un ingeniero químico altamente apreciado. Los hermanos Bonnke se reían de la decisión que yo había tomado de asistir a una humilde Escuela Bíblica. Todos ellos, incluyendo a Felicitas, quien se mantuvo fiel, recibieron doctorados en medicina y otras ciencias, mientras yo comenzaba humildemente mis primeros esfuerzos como misionero con Anni en Lesoto, África.

Durante aquellos años en que construía el ministerio, viajaba algunas veces a Alemania de visita. Mamá y papá, por supuesto, estaban muy orgullosos de mí, observando desde lejos los inicios de *Cristo para todas las Naciones*, e incluso visitaron nuestras campañas africanas, maravillados al ver la respuesta. Pero durante muchos años, mis hermanos continuaron ridiculizando mi trabajo.

Me dolía ver millones de decisiones por Cristo en todo el mundo, y llegar a casa para encontrar que mis propios hermanos aún se encontraban tan endurecidos al Evangelio de Cristo.

La casa de Jürgen se había convertido en el lugar que menos disfrutaba visitar. Se había casado con una mujer que trabajaba como secretaria, y se creía muy inteligente. Para ella, la fe cristiana era algo a lo que había que atacar y ridiculizar. Mantenía una posición completamente hostil hacia el Evangelio, y cuando yo les visitaba se mostraba agresiva, retándome constantemente a responder preguntas acerca del fracaso de la fe cristiana. Me atacaba con tanto vigor que Jürgen se sentía avergonzado. Me daba cuenta de que me amaba como hermano aunque rechazara mi ministerio, pues me mostraba su oposición, pero no deseaba que el conflicto fuera tan cruel.

Al visitar a Jürgen y a mis demás hermanos, ponía en práctica que "la respuesta blanda aplaca la ira". Evitaba hablar sobre temas que pudieran irritarles, y en su lugar, hablaba en términos más generales, dedicando más tiempo y esfuerzo a escucharles. Como todos habíamos compartido la misma infancia en el Evangelio, decidí que debía ganarlos con dulzura, no confrontándoles. Tal decisión comenzaba a dar frutos.

Mis hermanos y yo, incluyendo Jürgen y su esposa, nos reunimos a mediados de los 80 para una reunión familiar. Cada día nos sentábamos a comer todos juntos alrededor de una larga mesa, donde compartíamos nuestras conversaciones.

Creo que fue mi hermano Martin quien comenzó esta conversación particular. Es mi hermano mayor, y doctor en química. Dijo que el apellido Bonnke se encontraba en todos los periódicos de Alemania gracias a mí. Los reporteros, decía él, viajaban a mis campañas por todo el mundo para dar a conocer en Alemania lo que estaba sucediendo. Sus reportajes incluían informes maravillosos sobre sanidades milagrosas, los cuales, dijo, habían creado un problema para él. El apellido Bonnke no es común en Alemania, y ahora las personas lo llamaban pensando que era yo.

"Como ustedes saben", dijo, "mi nombre se encuentra en la guía telefónica en el área de Frankfurt. Hace poco, mi teléfono sonó".

"¿Dr. Bonnke?", era la voz de una mujer.

Le contesté: "Sí, soy el Dr. Bonnke".

Entonces me dijo: "Dr. Bonnke, sufro de cáncer. Por favor, ¿podría usted sanarme?"

Le dije: "Señora, yo no puedo sanar a nadie, pues no soy doctor en medicina, sino en química. Puedo fabricar medicinas, pero no puedo sanar a nadie".

Ella dijo: "¿Usted se llama Bonnke? ¿B-o-n-n-k-e?"

Le respondí: "Sí, Bonnke".

Me dijo: "Usted es Bonnke, ¡sáneme, por favor!"

Le dije: "Señora, usted se refiere a mi hermano Reinhard, pero déjeme decirle algo: él tampoco puede sanar a nadie. Jesucristo es quien sana".

No pude contener la risa. "Oh, Martin", contesté, "¿ahora estás predicando el Evangelio?"

Fue un buen momento. La anécdota de mi hermano había roto con muchas viejas tensiones. Fue bueno saber que buscaba la manera de reconocer mi trabajo frente a los demás.

Pero Martin no había terminado. Dijo que tenía un anuncio. Dijo que él y sus hermanos habían evaluado la vida de los hijos de los Bonnke y, entre todos, me habían elegido a mí como "el mejor caballo del establo". Rápidamente añadió que tal honor se me concedía estrictamente por mi impacto en el mundo, ya fuera para bien o para mal.

Aun así, era un paso de avance. Durante muchos años habían ridiculizado todo en lo que ahora me había convertido, según sus propias palabras, "el mejor caballo del establo".

Tuve la esperanza de que un día pudieran dar el siguiente paso, reconociendo que mi vida había impactado gracias al Señor Jesucristo, y por ninguna otra razón, y que nuevamente aceptaran su señorío. A través de este gesto pude ver que el resentimiento entre nosotros había sido reemplazado por un afecto verdadero, aunque no compartiéramos la misma fe.

Por tanto, al despertarme de mi sueño con Jürgen, presenté el caso ante el Señor: "Señor, ¿has visto el progreso que hemos logrado con dulzura, en lugar de sermones? ¿Por qué me dices ahora: 'Si no amonestas al impío, su sangre demandaré de tu mano?' ¿Qué me quieres decir con esto? ¿Debo predicarle el sermón que ya ha escuchado miles de veces? ¿Aprenderá algo nuevo si ahora le digo que es un pecador condenado al infierno? No comprendo".

El Señor me contestó: *"Escríbele una carta diciéndole lo que viste en el sueño"*.

Me pareció que era Dios quien había hablado. "Así lo haré, Señor", dije, y me volví a dormir.

Era el año 1985. En esta etapa de mi ministerio había comenzado a planificar el traslado de *Cristo para todas las Naciones* de Johannesburgo para Frankfurt, lo cual constituía un gran cambio, pues perderíamos la mayoría de las personas que habían apoyado nuestro ministerio en Sudáfrica durante toda una década de trabajo. A través de ellos Dios había ampliado el caudal de *Cristo para todas las Naciones* para que pudiéramos tener maniobrabilidad. Pero todo parecía indicar que este cambio estrecharía nuevamente nuestro caudal, justo cuando necesitábamos dar un paso adelante y realizar grandes proezas para Dios. Yo confiaba en haberle escuchado correctamente, y habíamos recibido ya muchas confirmaciones.

Una de las razones para mudarnos era que la política del Apartheid en Sudáfrica se había convertido en un riesgo para nuestro trabajo, y muchos países actuaban en contra de nosotros, pues nos culpaban de ser racistas simplemente por causa de nuestra dirección. El Señor me mostró que un pasaporte alemán le permitiría a mi equipo moverse con libertad en países que en aquel momento eran diplomáticamente opuestos a nosotros. La guía de Dios, como siempre, supera cualquier estrategia y nos deja asombrados.

Al levantarme de la cama para comenzar el día, continué la intensa planificación de esta gran mudanza para Alemania. En medio de mi trabajo, escuché la voz del Espíritu hablando claramente a mi corazón: *"No escribiste la carta. Voy a demandar su sangre de tus manos"*.

Dejé todo a un lado y escribí la carta, diciéndole a Jürgen lo que había visto en el sueño, y la envié, sin recibir respuesta alguna. Continué el curso de mi vida y me olvidé del asunto.

Nos mudamos a Alemania. Anni y yo arreglamos nuestra nueva residencia para recibir a nuestros hijos cuando vinieran de la universidad para visitarnos. Cuando llegaron, ya habíamos preparado la cena, y al sentarnos a comer me fue entregada una carta dirigida a mí, de parte de Jürgen. La abrí, y decía:

Querido Reinhard:

Mi esposa me abandonó y mi mejor amigo murió de cáncer. Me sentí tan frustrado que llegué a pensar que no valía la pena vivir, y deseaba quitarme la vida. Pero esa noche tuve un sueño, en el que caminaba por un puente sin pasamanos y grité mientras caía. Me desperté sudando y lleno de temor.

Me levanté y dije: "Dios todopoderoso, tú sabes que
ni siquiera creo en ti, pero tengo un hermano que
te sirve. Si me has hablado a través de este sueño,
háblame a través de Reinhard". Al poco tiempo,
llegó tu carta y supe que tu sueño era mi sueño.
Le entregué mi vida a Cristo y perdonó mis pecados.

Allí mismo, frente a mis hijos, me quebranté y comencé a llorar como un niño sin poder evitarlo, y por un rato nadie pudo comer. Este tipo de cosas me dejan sin palabras ante el Rey de reyes y Señor de señores.

Los lazos que unen a una familia son más fuertes en espíritu de lo que podemos experimentar en la carne. Dios nos une aunque nos encontremos a 8.000 kilómetros de distancia, haciéndonos soñar el mismo sueño, lo cual constituye más que una simple coincidencia. Dios me habló con su suave voz, pero, ¿qué pasaría si no hubiera seguido sus instrucciones de enviarle a mi hermano una carta describiéndole el sueño? Esta historia constituye otra de las ilustraciones acerca de los infinitos recursos que Dios emplea para buscar y salvar a los perdidos.

Hoy, mi hermano Jürgen es salvo, sin embargo, se encuentra quebrantado. Presenta graves problemas de salud y sus habilidades mentales casi han desaparecido. Permanece en una clínica de reposo, donde recibe cuidados día y noche. Pero muy pronto, quizás en el momento en que leas esta historia, él estará cara a cara frente al Señor que ambos anhelamos ver.

Soy tan feliz.

☙

Cuando seguimos a Cristo,

enfrentamos momentos que definen nuestra fe.

Muchos de nosotros lo experimentamos por

primera vez en las calles de Kano.

Es un error pensar que algunos escogimos vivir,

mientras que otros decidieron enfrentar la muerte.

Todos escogimos a Cristo, él es la Vida Eterna.

Capítulo 7

El foso de los leones

Viajé a Kano, Nigeria, en 1991, dos días antes de que comenzara la campaña evangelística. Peter van den Berg, mi director ministerial, y Brent Urbanowicz, uno de mis futuros yernos, viajaban conmigo. En el aeropuerto fuimos recibidos por los pastores locales que nos patrocinaban.

John Darku, el director de la campaña, parecía estar preocupado y me llevó a un lado. "Reinhard", me dijo, "no puedes entrar en la terminal. Hay francotiradores que han jurado matarte".

Miré hacia la terminal y pude ver soldados armados detrás de las ventanas.

"¿Estás seguro de lo que dices?"

"Estamos seguros".

Pensé que John podía estar exagerando. Quizás hubo amenazas de muerte y se había imaginado el resto. De todos modos, agradecí su precaución. Mi principal preocupación en ese caso no era por mí, pues ya había predicado antes bajo amenazas de muerte, pero me sentí terriblemente responsable por las personas que llegarían en unas horas desde los Estados Unidos de América y Europa para presenciar las más numerosas multitudes en la historia de *Cristo para todas las Naciones*. ¿En qué situación los había puesto?

"Los francotiradores tendrán que pasar por encima de los solda-dos", sugerí.

"No puede ser", respondió John. "Algunos de los soldados son musulmanes, y deben tener ideas radicales".

"Entonces, ¿qué podemos hacer, John?"

Una hilera de autos se nos acercó, lo cual me hizo pensar que se estaba desarrollando algún plan.

"El gobierno ha acordado procesar tu pasaporte por canales externos", explicó. "Las autoridades del aeropuerto desean que salgas por una puerta secreta".

Asentí.

Fuimos trasladados en tres vehículos diferentes, y yo iba en el primero. Mi chofer se desplazó rápidamente a través de la pista, y los demás nos seguían de cerca hasta que, detrás de un hangar, nos detuvimos. Los choferes se bajaron de los autos, me indica-ron que saliera, y me cambiaron con Brent, quien venía en uno de los autos de atrás. Luego seguimos nuestro camino.

"¿Por qué lo hicieron?", pregunté.

"Puede ser que los francotiradores no lo conozcan, pero pensa-mos que al menos podríamos confundirlos".

Al continuar, me preguntaba si Brent entendió que lo habían tomado como señuelo para los francotiradores que me buscaban. Estoy seguro de que no se había preparado para esa tarea cuando le propuso matrimonio a mi hija.

Salimos del área del aeropuerto y tomamos una ruta irregular por las calles de las afueras. Estaba oscureciendo cuando llegamos a nuestra casa alquilada, donde desempacamos y nos instalamos. Por vía telefónica y por radio, mi equipo supervisaba la llegada de todos nuestros invitados estadounidenses y europeos. Cada grupo fue dirigido hacia su hospedaje en Kano sin incidente alguno.

Escuché las noticias de la radio local acerca de la inquietud de los musulmanes con respecto a nuestra visita, y pensé que detrás de todos sus argumentos se sentían preocupados de que muchos musulmanes se volvieran a Cristo en nuestra campaña, como lo habían hecho el año anterior en Kaduna. Oramos, encomendándonos a nosotros y a todos los que estaban relacionados con la campaña al cuidado de Dios. Al prepararnos para ir a la cama, le dije a Brent: "Pasaste la prueba".

"¿Cuál prueba?", preguntó.

"Puedes casarte con mi hija".

Se quedó pensativo por unos instantes, y luego se echó a reír. "¿Habrá más pruebas como ésta?"

"Espero que no", le contesté.

Me acosté en completa oscuridad, pero no podía conciliar el sueño. A lo lejos, escuché el persistente lamento de un almuédano llamando a los musulmanes para la oración. ¿Lo habré escuchado realmente, o fue mi imaginación? Oré en silencio: "Señor, ¿me ha cegado el celo por ganar a Nigeria? ¿He obrado con falta de sabiduría? He puesto en peligro a estas personas inocentes. Por favor, protégeles".

Mi celo por Nigeria consiste en que en ella habitan más personas que en cualquier otra nación africana. Con una población de 140.000.000 de habitantes, es uno de los países más poblados del planeta. No puedes imaginarte la cantidad de ciudades colmadas de personas que se encuentran en las diez zonas geográficas de esta gran masa de tierra, extendiéndose desde el Golfo de Guinea al norte, y al este, hasta el lago Chad, siendo el centro de los sueños de este evangelista.

Sin embargo, cerca de la mitad de las personas en Nigeria son musulmanas, y la mayoría de ellas se concentran en el norte. El evangelismo cristiano entre los musulmanes se encuentra prohibido, y por otra parte, ellos esperan convertir a los "infieles", incluyendo a los cristianos. Entre las creencias musulmanas y cristianas existe una situación legendaria que se ha convertido en una fuerza difícil de detener, pero habrá que hallar una solución. Yo les digo a mis amigos musulmanes que Jesús murió por los musulmanes, por los paganos y por los cristianos. Les predico el Evangelio, y el resto se lo dejo al Espíritu Santo. Sin embargo, el mundo musulmán en nuestros días manifiesta un desafío hostil hacia todos los que formamos parte del cuerpo de Cristo.

Para desarrollar la visión que Dios me había dado de un continente africano lavado en la sangre de Cristo, sabía que tarde o temprano, *Cristo para todas las Naciones* tendría que penetrar en las fortalezas musulmanas del norte del continente, incluyendo a Sudán, Libia, Marruecos, Argelia, Chad, y Egipto. Por tal razón, la parte norte de Nigeria representaba para nosotros una prueba, pues en esa zona se concentraba la clase de resistencia fanática musulmana que en un futuro tendríamos que enfrentar al extendernos hacia el norte.

En lugar de saltar a las profundidades del lago, comenzamos en los márgenes, por así decirlo. Creo que Dios permitió que el joven David enfrentara al león y al oso antes de ir contra Goliat. Fue en ese espíritu que se desarrolló nuestra primera campaña en Nigeria en 1985, en la ciudad sureña de Ibadan. Fue una campaña maravillosa, por medio de la cual recibimos un gran aliento. En los cuatro años siguientes, continuamos con una serie de campañas en Lagos, Onitsha, Aba, Port Harcourt, Enugu, y Warri, todas localizadas en la zona costera del Golfo de Guinea Ecuatorial. A fines del año 1989, nos aventuramos hacia la gran altiplanicie central del país, en la ciudad musulmana de Jos.

La reunión tuvo un buen desarrollo en aquel lugar, pero pudimos sentir cómo crecía la tensión religiosa al dirigirnos al norte hacia la ciudad de Kano. Ésta era una ciudad santa de los musulmanes, una fortaleza rodeada de muros, construida por los esclavos en la antigüedad.

Me detuve y tomé aliento, pues nos disponíamos a proseguir con precaución. Los miembros de mi equipo acordaron comprobar las aguas una vez más. Primeramente llevaríamos una campaña a una fortaleza musulmana más débil antes de entrar en Kano. Fue así que en 1990 planificamos una campaña en la ciudad de Kaduna, donde casi el 70 por ciento de la población era musulmana, constituyendo un enorme paso de fe que resultó en el mayor triunfo que jamás habíamos visto.

La extensión de la multitud que se reunió en Kaduna nos dejó sin aliento. Por primera vez en mi vida prediqué ante medio millón de personas. Mi idea anterior de utilizar en nuestras campañas la carpa más grande del mundo, con capacidad para 34.000 personas sentadas, quedó anulada ante aquella gran masa de hombres y mujeres. También me pareció significativo el hecho de que se produjera en un terreno disputado por los musulmanes.

Nuestro equipo sintió una gran responsabilidad de brindar un mensaje claro a cada alma perdida que asistiera. Nuestros técnicos ya habían desarrollado estrategias para que mi voz cubriera con efectividad toda la multitud. La experiencia nos había enseñado que no podíamos dejar un evento de tal magnitud a merced del circuito eléctrico local, por lo cual llevamos generadores para la iluminación, el sonido, las computadoras y otros equipos esenciales. Tampoco confiábamos en el pronóstico local del tiempo, y preparamos una pequeña estación meteorológica para chequear la humedad, el viento, el polen, el ozono y otras condiciones atmosféricas que pudieran afectar la recepción del mensaje de la Palabra. Esta información se actualizaba constantemente en una computadora que ajustaba el sistema de transmisión de los altavoces a través del inmenso terreno en el que se desarrollaba la campaña.

Todo funcionó maravillosamente y Dios se manifestó de manera poderosa por medio de sanidades que se correspondían con la predicación, y cientos de miles de musulmanes aceptaron a Cristo. En la plataforma, detrás de mí, los pastores cristianos que nos patrocinaban en aquella ciudad lloraban de gozo al ver cómo todos aquellos que hasta el momento habían sido musulmanes venían ante el Señor. Ahora me parecía que una cultura predominantemente musulmana no constituía una barrera que impidiera la promesa de Dios de que África será salva. Le pedí a mi equipo que planificara una campaña para el año siguiente en Kano.

En el curso de la preparación para dicha campaña, lleno de entusiasmo, invité a hermanos y hermanas de Europa y de Los Estados Unidos de América. Esperaba que las multitudes en Kano fueran aún mayores que las que habíamos visto en Kaduna. En la década de los 80, mientras desarrollábamos campañas de 200.000 personas, alguien me prometió que un día veríamos 1.000.000 de vidas en una sola reunión. En aquel momento parecía inconcebible, pero después de Kaduna me di cuenta de que había sido una verdadera profecía, y que por la gracia de Dios, pronto veríamos su cumplimiento. Pensé que tal vez ocurriría ahora, en Kano, y deseaba compartir esta maravillosa experiencia con aquellos que nos habían estado respaldando fielmente durante mucho tiempo.

Sin embargo, tuvimos nuestro primer percance al escoger un área pública para las reuniones. En el último momento, un líder musulmán declaró que aquel era un lugar sagrado. No comprendimos la conexión, pero para no ofender, estuvimos de acuerdo en buscar otro sitio.

Nos dimos cuenta de que podríamos enfrentar más problemas, por lo que tomamos precauciones. En lugar de reservar habitaciones en hoteles para mí y otros de los miembros de nuestro equipo, secretamente alquilamos casas de huéspedes en las afueras de la ciudad. También lo hicimos para nuestros hermanos y hermanas de Europa y América que habían sido invitados, una decisión que consideramos divinamente inspirada.

Nuestro Comité Organizador de la campaña en Kano encontró a tiempo un complejo católico, dispuesto a ofrecernos el lugar para nuestras reuniones. Dieron permiso para preparar nuestra plataforma, los generadores, las luces y el equipo de sonido en un gran espacio abierto dentro de su propiedad. Ningún musulmán podría reclamarnos este lugar, pues durante décadas había sido un territorio cristiano. Se nos presentaba el problema de los anuncios que habíamos repartido por toda la ciudad, que ahora dirigían el tráfico al lugar equivocado. Pero esta situación podía ser solucionada al ubicar ujieres locales que indicaran la nueva dirección. Si la publicidad se comportaba de la manera que acostumbrábamos, Dios iba a obrar sanidades milagrosas que aparecerían en los titulares de la prensa local, y las personas de Kano, sedientas espiritualmente, nos alcanzarían en cifras récord.

Acostado y sin poder conciliar el sueño, me preguntaba si todo lo que habíamos pensado y planificado, de alguna manera había fallado. Sin embargo, sabía que Dios poseía una visión más amplia de nuestros problemas en el presente de lo que cualquiera de nosotros pudiera saber. Me quedé dormido bajo aquella confianza, dejando nuestra situación en sus manos omnipotentes.

En la mañana siguiente, después del devocional, le comenté a los demás que me agradaría dar un recorrido por la ciudad, como hago normalmente, pues deseaba ver de cerca a las personas de Kano. Cuando predico en un lugar por primera vez, necesito ver de cerca a las personas y sus actividades locales, lo cual me ayuda a sentirme identificado con la ciudad.

Conseguimos un auto, y Peter y Brent fueron conmigo. Al pasar por las calles, me di cuenta de que había muchas más mezquitas que iglesias en Kano. En nuestro viaje, pasamos por el palacio del emir local. Éste no es un líder religioso, sino el líder político musulmán de una región. Frente a su palacio vimos una multitud de miles de jóvenes vestidos de blanco, que bloqueaban la calle. Lentamente nos dirigimos hacia ellos, quienes se separaron como el Mar Rojo, para dejarnos pasar. Muchos de ellos se inclinaron para mirar dentro del auto mientras avanzábamos en medio del grupo. Pude percatarme de que todos aquellos jóvenes parecían muy enojados, pero cruzamos entre ellos sin ningún incidente.

Al mediodía llegamos de regreso a la casa. Nuestro anfitrión nos recibió asustado. "Kano está ardiendo en llamas", dijo. "Una turba musulmana ha desatado una revuelta".

Miramos atrás hacia la ciudad, y vimos columnas de humo que se elevaban. Nos llegaron noticias de que los jóvenes que habíamos visto frente al palacio habían acabado de salir de una mezquita, donde uno de sus líderes les había dicho: "No podemos permitir que Bonnke predique en la ciudad santa de Kano".

¿Cómo no nos vieron al pasar por en medio de ellos? ¿Sería que el Espíritu Santo les vendó sus ojos? Si uno de aquellos jóvenes hubiera reconocido mi rostro nos hubieran sacado del auto, matándonos en el acto. La ciudad se encontraba llena de anuncios de nuestra campaña, y mi foto se veía por todas partes. ¿Cómo pudimos escapar? Al no encontrarme, la turba comenzó a arremeter contra iglesias cristianas, casas, negocios y transeúntes.

En la mañana siguiente, John Darku llegó a nuestra casa con un oficial de la Fuerza Aérea, quien nos dijo: "El gobernador ha declarado un estado de emergencia. Deben empacar sus pertenencias y salir ahora mismo".

"¿Para dónde iremos?"

"He preparado condiciones para trasladarlos a otro lugar", dijo John. "El aeropuerto se encuentra lleno de alborotadores, tratando de impedir que ustedes escapen y no podemos regresar allá. Se están acercando demasiado a esta casa y ya han sido vistos por el vecindario. Aquí no estarán seguros".

"¿Cuánto tiempo tenemos?", pregunté.

"5 minutos", dijo el oficial de la Fuerza Aérea, realmente asustado. "Preparen sus cosas, debemos irnos ahora mismo".

John nos llevó para otra casa que pertenecía a una valiosa cristiana. Cuando llegamos, sus hijos estaban vigilando, y nos dijeron que habían visto revoltosos musulmanes a sólo unas cuadras de allí.

"John", le dije, "no podemos quedarnos aquí. Ellos van a buscarme casa por casa y no puedo permitir que esta mujer y sus hijos corran peligro".

John asintió, y nos llevó en otro viaje a toda velocidad por las calles de las afueras, hasta llegar a la casa de un hombre de negocios. Debió ser un hombre muy valiente al permitir que nos quedáramos en su casa aquella noche.

Desde el techo de la casa vimos el reflejo de las llamas en el cielo nocturno. Se escuchaban explosiones al ser incendiadas las gasolineras, haciendo elevar gigantescas columnas de humo en el aire, y se escuchaban tiroteos de manera ocasional. En el lugar donde estábamos no nos veían, pero nos encontrábamos cerca de la zona de peligro. Toda la ciudad estaba siendo saqueada en una loca búsqueda de mi persona. Aquella noche escuchamos en las noticias que el gobierno había cerrado el espacio aéreo sobre Kano, lo cual me dejó confundido. ¿Qué sabían ellos? ¿Los musulmanes eran unos fanáticos que trataban de utilizar aviones civiles contra nosotros? ¿O sería que algunos de los pilotos de la Fuerza Aérea se habían involucrado en un complot? Di órdenes para cancelar la campaña.

Al día siguiente avisé a mi equipo que se reuniera en el lugar donde me encontraba para orar, y luego decidir qué íbamos a hacer. Nuestros hermanos vinieron, pero dijeron haber visto personas muertas y escombros de incendios por las calles. Cientos de personas estaban muriendo, pues la turba continuaba fuera de control y la policía local no podía detenerlos. Mataban a los cristianos que se encontraran.

El oficial de la Fuerza Aérea vino para decirnos que el Ejército estaba despejando el aeropuerto, tratando de ofrecer seguridad para que pudiéramos marcharnos. Habían preparado una evacuación aérea de emergencia, y nos aconsejó que saliéramos lo más pronto posible. "Son como hormigas", nos dijo. "Se concentran en grandes grupos dondequiera que llegan. Si encuentran este lugar, rápidamente vendrán, inundando toda la propiedad".

Pedí que todos nuestros invitados de Europa y América fueran trasladados primero, pero el oficial militar no estuvo de acuerdo, persuadiéndome de que, al ser yo el objeto de tal violencia, debía ser el primero en salir. Al saber que yo me había ido, quizás la turba se calmara y se dispersara. Los demás correrían menos peligro al salir en sus aviones.

"Mientras más tiempo permanezca aquí, más durará esta violencia", me dijo.

Estuve de acuerdo en cooperar, y una vez que el aeropuerto estuvo seguro, me escoltaron hasta el avión, y anunciaron que ya me había marchado. Le pedí a todos los miembros de mi equipo que me acompañaran en la evacuación, pues no había nada más qué hacer.

Mientras esperábamos las instrucciones del aeropuerto, salí a caminar por los alrededores, y me cubrió un sentimiento de pesar debido a todos los acontecimientos en Kano. Los cristianos estaban muriendo porque yo vine a la ciudad, pero significaba mucho más, Kano estaba ardiendo debido al Evangelio de Jesucristo. "Si el mundo os aborrece", dijo Jesús en Juan 15:18, "sabed que a mí me ha aborrecido antes que a vosotros".

Observé la calle, imaginándome la turba dirigiéndose hacia nosotros. *"¿Qué haría, Señor, si de pronto se aparecen preguntando por Reinhard Bonnke?"*

En sólo un instante supe la respuesta, y sentí su paz llenando mi ser.

Peter van den Berg se me acercó.

"Peter", le dije, "si toda esa gente aparece aquí antes de que despejen el aeropuerto, quiero que sepas que yo me entregaré".

"No permitiré que te entregues".

"Debes hacerlo, pues me identificaré como Reinhard Bonnke, evangelista del Señor Jesucristo, e iré hacia ellos, y así se podrán salvar los demás. Mi vida le pertenece al Señor".

"Si ellos aparecen", dijo Peter, "te tomaré y te llevaré al techo de la casa, y desde allí les lanzaremos las tejas del techo, enfrentándonos hasta el último hombre. Eso es lo que haremos".

Me sonreí, pues sabía que Peter era un luchador. Juntos, habíamos experimentado muchas aventuras en el camino hacia un continente africano lavado en la sangre de Cristo. También él me conocía lo suficiente como para estar seguro de que lo que había dicho era cierto. Sin decir nada más, entramos en la casa.

En ese momento, Winfried Wentland, el encargado del equipo de recursos de nuestras campañas, se me acercó, y su esposa, Gabrielle, a su lado. Winfried es un hombre valiente y centrado en su responsabilidad, un antiguo soldado alemán de una fuerte estructura corporal. Gabrielle, a quien llamamos "Gaby", es su otra mitad. Si había dos personas que veían a través del humo en Kano el fuego verdadero, la misión de salvar almas, era esta pareja. Habían permanecido junto a mí durante doce años en África.

"Gaby y yo creemos que debemos quedarnos para llevarnos todo el equipamiento de regreso", dijo Winfried.

Sus palabras golpearon mis oídos. Dado el curso de los acontecimientos, aquel asunto estaba fuera de discusión. Miré a Gaby, en su noveno mes de embarazo, y sencillamente no podía comprender lo que acababa de escuchar.

"El equipamiento podemos reemplazarlo, Winfried", le dije, "pero tú y tu familia no pueden ser reemplazados. Ni siquiera pensaré en esa posibilidad".

"Reinhard, tengo cincuenta hombres en el complejo, y he sido entrenado para no dejar a nadie atrás. Además, ya ellos han arriesgado sus vidas. Tengo que terminar lo que hemos comenzado juntos".

Agradecí su argumento, pero no me convenció. Los cincuenta hombres eran voluntarios locales que él había contratado, y ahora los supervisaba en el montaje del equipamiento de la campaña. Le dije: "Puedes mandarles a decir que regresarás cuando hayan acabado las hostilidades, y ellos lo entenderán. Quiero que tú y Gaby permanezcan con nosotros en la evacuación".

"Reinhard", continuó, "Gaby, los niños y yo hemos orado juntos por este motivo. Dios nos ha hablado y nos ha dado de su perfecta paz. Míranos, tenemos paz, pues ya sea que vivamos o que tengamos que enfrentar la muerte, Dios estará con nosotros. Por favor, no nos pidas que desobedezcamos al Señor".

En ese caso, no había razón para discutir. "Tendré que pensarlo", le dije, y me marché, demasiado confundido para continuar. Tanto Winfried como yo, sabíamos cuál sería mi respuesta, y no deseaba reflexionar en cuanto a ello.

Pero soy humano, y tenía preguntas cuyas respuestas desconocía. Si Dios les habló a los Wentland, ¿cuál sería su plan para ellos? No quería creer que Dios haría menos de lo que hizo por nosotros cuando atravesamos por entre la muchedumbre frente al palacio del emir, pero no podía estar seguro.

Sirviendo a nuestro equipo de las campañas, Winfried y Gaby habían vivido una vida de riesgos y aventuras diarias. Pero eran una familia e insistían en hacerlo todo juntos, incluyendo a los niños. El tenerlos como parte de mi equipo me hacía sentir bendecido por el Señor. Pero nunca les pediría que sacaran el equipamiento de Kano bajo las circunstancias presentes.

Comencé a orar: "Señor, dicen que la sangre de los mártires es la semilla de la Iglesia, pero ahora no deseo creer que sea cierto. En las Escrituras he leído que tu Palabra es la semilla. Jesús fue el Verbo hecho carne, fue la semilla que cayó en el suelo y murió, pero tú le levantaste nuevamente, venciendo la muerte con poder. Permítenos cultivar el fruto de su resurrección en Kano, Señor, y que prevalezca tu Evangelio. Protege a Winfried, Gaby y a todos los que han venido a servirte en esta campaña".

La semana anterior, Winfried había salido conduciendo el vehículo de dieciocho ruedas de nuestras campañas, desde su hogar en Lagos, Nigeria, hasta Kano, que sería como conducir en una distancia de 1.100 kilómetros desde Denver hasta Dallas, por una carretera sin pavimento. Las carreteras africanas no son para los cobardes. El camión está equipado con una transmisión de seis ruedas por una buena razón. Gaby lo acompañaba, como siempre lo hacía, conduciendo su Land Rover en caravana, y sus dos hijos, Simon y Angelina, con edades de nueve y cinco años, los acompañaban.

De pronto, pude imaginármelos en la carretera. El remolque que halaba su camión era un anuncio rodante de que África estaba siendo lavada en la sangre de Jesús. Estaba pintado de rojo, con grandes letras blancas en los lados: J-E-S-Ú-S. Seguramente había provocado un revuelo en los vecindarios musulmanes cuando venía en camino. Comencé a desear que lo hubieran pintado todo de blanco, sin ningún emblema.

Al observar estos acontecimientos, Winfried y Gaby parecían insistir en actuar como aventureros de una manera impropia. Muchos, sin dudas, los considerarían unos irresponsables, pero no lo eran, sino que como simples cristianos, estaban respondiendo al reto de seguir a Cristo. Quién sabe de lo que seríamos capaces, sencillamente escuchando y obedeciendo al Señor y venciendo nuestros temores.

Como lo explica Winfried, consideraban la asignación de Kano como una rutina, pues la familia había compartido su llamado desde el principio. En el momento en que ocurrió esta historia, ellos conocían bien el continente africano y sus peligros, y habían presenciado violentos conflictos en otras ciudades donde habían servido, pues algunas campañas habían tenido lugar en zonas activas de guerra. Sabían cómo tomar precauciones, sin embargo, tenían pocas ilusiones, conociendo que muchos de los factores que tenían que ver con su seguridad permanecían fuera de control, pero ésos había que dejarlos en las manos de Dios.

El primer día de la revuelta, Winfried vio el humo desde su habitación en el hotel, entonces tomó una motocicleta y fue hasta el complejo católico donde había sido levantada la plataforma para la campaña. Allí dentro, encontró el grupo de cincuenta cristianos que había contratado en las iglesias locales, quienes estaban preocupados, pero tomaban acción para proteger todo el equipamiento. Habían cerrado y asegurado todas las puertas en los alrededores de la propiedad y habían ubicado hombres que vigilaran, para alertarles si se acercaba la turba.

Con toda certeza, pronto aparecieron los violentos alborotadores. Desde la plataforma se divisaba una gasolinera de diez bombas, la cual fue atacada. Una enorme bola de fuego se elevó hacia el cielo, y la estación comenzó a explotar y a incendiarse. Toda el área se cubrió de un humo negro.

Los voluntarios cristianos persuadieron a Winfried para que pasara la noche en el hotel, pues al que buscaban era a Bonnke, y cualquier hombre blanco en el complejo podía atraer a la muchedumbre dentro del área. Le aseguraron que mantendrían la guardia toda la noche. Ésta había sido la experiencia de Winfried durante la situación en Kano.

En este momento, en la casa donde mi equipo esperaba, apareció el oficial de la Fuerza Aérea para decirnos que se acercaban los ómnibus que nos llevarían hacia el aeropuerto. Desde el principio supe que no le pediría a Winfried que desobedeciera nada de lo que había recibido de parte del Señor. Los llamé a los dos para compartir juntos un tiempo de oración. Puse mis manos sobre ellos y le pedí a Dios que su protección les rodeara. Oré especialmente por Gaby y el bebé que llevaba en el vientre, pidiéndole a Dios que enviara ángeles para que les guiaran y protegieran hasta que regresaran a su hogar en Lagos.

Al terminar la oración, sentí nuevamente la tristeza, pues realmente temía que los estuviera viendo por última vez. Los cristianos estaban siendo perseguidos y asesinados en las calles de Kano. Ahora Winfried viajaría por esas calles llevando un enorme remolque rojo con las letras J-E-S-Ú-S en los costados. Sería como caminar por una zona de guerra envuelto en la bandera del enemigo. Para mí, aquella decisión constituía un llamado al martirio.

Aquel día, para comenzar a controlar nuevamente la ciudad, la policía local y la milicia anunciaron un toque de queda desde las 6 p.m. hasta las 6 a.m. Esa noche, durante el toque de queda, seríamos evacuados. Entramos en una caravana de ómnibus militares con soldados estacionados en cada ventana. Había musulmanes con ametralladoras por todas partes. Al entrar en los vehículos, nos sentimos aliviados al ver que todos nuestros invitados de Europa y América también se encontraban a bordo. Nuestro equipo disperso había sido recogido, con la excepción de Winfried y Gaby. Nos dirigimos hacia el aeropuerto y pronto estábamos volando, respirando tranquilamente a bordo de los aviones que nos habían rescatado.

No dejaba de pensar en Winfried y su familia. ¿Cómo iban a enfrentar su decisión de obedecer al Señor? Yo los conocía lo suficientemente bien como para conocer que la respuesta era sencilla. Aunque se encontraban en la nómina del ministerio, nunca habían trabajado estrictamente para mí. Sólo Dios los hubiera podido guiar a poner en práctica esta decisión, y lo estaban obedeciendo. Cuando las personas obedecen al Señor no se preocupan, ni necesitan conocer cuáles serán los resultados antes de estar dispuestos a encomendar sus vidas. Enfrentarían la situación en Kano de la manera que lo haría cualquiera de nosotros, viviendo el momento. Sin desesperarse por lo que les esperaba en el futuro, simplemente darían un paso tras otro hasta que llegaran, tanto a su hogar terrenal como al celestial.

Antes de marcharnos, se hicieron arreglos para que un grupo de soldados cuidara el complejo católico, mientras que Winfried dirigía a sus hombres en el desmontaje y empaque de nuestro equipamiento. Aquella noche regresó con su familia al hotel donde se hospedaban.

A las seis de la mañana fue levantado el toque de queda, y se desató una violencia aún mayor. Al parecer, mi salida de la ciudad no aplacó la situación, sino que lanzó más combustible al fuego de una turba desenfrenada. En realidad, lo que buscaban era una oportunidad para atacar a los infieles, y todavía no estaban satisfechos.

Desde el balcón del hotel, Winfried y Gaby observaban cómo emergían las incontenibles llamaradas, y escuchaban una mayor cantidad de explosiones y tiros de ametralladoras por toda la ciudad. Más tarde en la mañana, Winfried tomó un auto y se dirigió hacia el complejo. Sus hombres pudieron mantener a salvo el equipamiento, aunque por la noche fueron descubiertos por un grupo de sospechosos. Los que estaban vigilando el camión los capturaron y los tenían bajo custodia, encerrados bajo llave en un edificio dentro del complejo. Actuaron de esta manera para evitar que informaran a los demás el lugar donde se encontraba el equipamiento y los hombres de Bonnke.

Winfried les agradeció por su valentía y su fidelidad. Les dijo que regresaría a la mañana siguiente con algunos soldados para que los protegieran, mientras ellos desmantelaban y guardaban todo el equipamiento para ser trasladado de regreso. Su equipo le pidió que trajera otros cincuenta hombres cristianos, para que fueran cien en total, y así acelerar el trabajo. Winfried nunca se había sentido más orgulloso de un grupo de hombres en toda su vida.

El viernes por la mañana, cinco soldados fueron al hotel para escoltar a Winfried por las calles. En el complejo encontraron cien cristianos locales reunidos, esperando las órdenes de Winfried. En cuanto recibieron sus asignaciones, comenzaron el proceso de desmontaje de la plataforma y las estaciones de audio, y las empacaron en el remolque.

De pronto, una gran explosión sacudió el área. Los soldados miraron hacia el cielo, pero no vieron nada; sin embargo, se atemorizaron. Llevaron a Winfried al auto y le ordenaron que los llevara al cuartel para buscar más soldados.

Al llegar, se dio cuenta de que los hombres no tenían intenciones de buscar refuerzos. Hablaron con el oficial superior, insistiendo en que el complejo estaba a punto de ser invadido. La turba va a penetrar en el lugar, dijeron, convenciendo al oficial para que no los enviara de regreso.

Winfried pensó que quizás sería mejor que los soldados no regresaran con él, pues podrían ser musulmanes que no deseaban arriesgar sus vidas bajo aquellas circunstancias.

Estando aún en el cuartel, se le acercó un soldado, quien le dijo que era cristiano, y se ofreció voluntariamente para acompañarlo y ofrecerle toda la protección que pudiera. Winfried regresó al complejo con aquel buen samaritano. Entre tanto, los voluntarios habían continuado esforzándose en desmontar y empacar el equipamiento. Winfried los guió hasta terminar la tarea. Todos los contenedores fueron cargados y empacados al final de la tarde. A pesar de lo que habían pensado los soldados, el complejo no había sido invadido. Ni siquiera lo habían atacado.

Algunos de los voluntarios permanecieron nuevamente cuidando el camión durante toda la noche. Winfried y Gaby regresarían antes del amanecer para conducir el camión fuera de la ciudad. El soldado que lo había acompañado prometió que buscaría otros soldados para escoltarlos, siempre que viajaran antes de que el toque de queda fuera levantado.

Winfried regresó al hotel y llegó a su habitación, esperando ver a su esposa e hijos, pero al abrir la puerta, sólo encontró un lugar oscuro y silencioso. De pronto, sus más grandes temores cobraron vida. Al encender la luz, vio que junto a Gaby y los niños habían desaparecido todas sus pertenencias. Corrió escaleras abajo hasta el lobby, donde encontró al gerente.

"Los soldados se llevaron a su esposa e hijos", dijo. "Estarán más seguros en el cuartel".

"¿La turba pasó por aquí?"

"No, pero descubrieron que era aquí donde ustedes se hospedaban. Yo necesitaba hacerles ver que ustedes se habían marchado, y pedí ayuda a los soldados. De otra manera, mi hotel sería un montón de cenizas en estos momentos, y su familia hubiera sido asesinada".

Winfried le agradeció por su información y se apresuró por toda la ciudad hasta llegar al cuartel. Una vez allí, recibió un gran alivio al encontrar a Gaby y los niños tal como le habían dicho.

A las 4:30 de la mañana se dirigieron al complejo. Un vehículo militar con algunos soldados en el interior los condujeron. Al llegar, Winfried abrazó silenciosamente a los líderes del grupo de voluntarios locales. Luego subió a la cabina del enorme camión de dieciocho ruedas, y el motor cobró vida. Iba por las calles siguiendo el vehículo militar, mientras Gaby le seguía conduciendo el Land Rover.

El remolque rojo con el nombre de Jesús comenzó su travesía a través del humo y los escombros de Kano. Al pasar, los Wentland veían cadáveres en las calles a su derecha y a su izquierda. Trescientas personas habían sido asesinadas. Tuvieron que arreglárselas para pasar entre los vehículos militares y de la policía, pues el humo que salía de las ruinas de iglesias, negocios y estaciones petroleras oscurecía el camino.

A pesar del toque de queda, se podían observar grupos de fanáticos vagando por las calles en busca de ellos. Todo parecía indicar que el toque de queda estaba en peligro por el número de personas dispuestas a violarlo. Los soldados estaban atemorizados, pero para Winfried, aquellos grupos de personas actuaban como si les hubieran cegado los ojos.

Nadie gritó por haber reconocido aquel camión con el nombre de Jesús en letras gigantescas, o si lo reconocieron, les sucedió como a los leones en el foso con Daniel, cuyas bocas fueron cerradas milagrosamente.

Llegaron a una barricada militar, y luego de algunas palabras, las barreras fueron levantadas, y así pasaron por varias de ellas, con los mismos resultados. Las barricadas se encontraban a cortas distancias una de la otra, pero continuaban su viaje como si el camino escabroso se hubiera allanado para que ellos pasaran.

En las afueras de la ciudad cruzaron barricadas civiles, sin que se detectara alguna presencia militar o de la policía. Al pasar, se preguntaban quién estaría a cargo. Algunas de las barricadas habían sido erigidas en vecindarios musulmanes, pero en todos los casos se les permitió pasar a través de ellas. Parecía que traspasaban los límites de la realidad.

Al recordar un notable incidente recogido por reporteros de la televisión en Los Ángeles, no podemos dejar de asombrarnos por lo sucedido a la familia Wentland. Después del juicio a Rodney King en 1992, las calles de Los Ángeles estallaron en un motín similar al de Kano. Mientras los helicópteros volaban en círculos sobre ellos, llevando las horribles escenas a millones de espectadores en todo el mundo, un camionero llamado Reginald Denny fue arrastrado fuera de su camión de dieciocho ruedas y atacado salvajemente en la calle, dejándole con severas lesiones en la cabeza.

Todo el que recuerde las crudas imágenes de televisión del ataque a Reginald Denny, nunca podrá olvidar su repugnante violencia. Muchos ni siquiera podían observarlas por entero. Esa clase de depravación era más probable que se desatara sobre Winfried y Gaby en Kano, que sobre Reginald Denny en Los Ángeles. Digo esto porque en Kano no había helicópteros volando en círculos que les recordara a los perturbadores que alguien los estaba observando.

Pero sí había alguien observando: Winfried y Gaby alababan al Señor al cruzar a salvo y con facilidad una barricada tras otra. Para ellos, era como si las aguas del Mar Rojo se separaran para que pudieran pasar por tierra seca.

Al llegar a los límites de la ciudad la escolta militar regresó, emprendiendo por sí solos el viaje de 1.100 kilómetros que tenían por delante, y de esta manera, el camión y su remolque con el nombre de Jesús pronto se halló en la carretera. Muchas ciudades musulmanas quedaban por delante, con las noticias de la revuelta de Kano en boca de todos, pero Winfried y Gaby habían recibido una confianza que les permitía seguir con una paz sobrenatural. Confiaban en que su viaje iba a continuar de la manera en que había comenzado, pues viajaban en el nombre de Jesús. Pasaron por Zaria, Kaduna, Ilorin y muchas comunidades pequeñas, dominadas por los musulmanes, sin el más mínimo percance.

Cuando llegaron a su hogar en Lagos, en el Golfo de Guinea, fueron recibidos por un equipo de trabajo lleno de emoción, quienes pensaban que habían muerto. Al verles llegar con los niños y todo el equipamiento a salvo, estalló una gran celebración.

Nadie se sentía tan contento o tan aliviado como yo, cuando al final pude hablar con Winfried por teléfono. Fue sólo entonces cuando supe los detalles de su fuga. Personalmente agradecí a Dios porque su plan para ellos no era otra cosa que una fuga milagrosa.

En la historia de *Cristo para todas las Naciones*, Kano se convirtió en nuestro más grande revés. Reinhard Bonnke fue declarado persona no grata en Nigeria, la nación más poblada en todo el continente africano. Los rumores de las personas nos culpaban, aunque un extenso informe realizado por el gobernador local nos eximía de toda culpa por la violencia desatada. Aún así, para muchas personas, la realidad consistía en lo que habían visto, que Bonnke había traído la violencia a la ciudad de Kano. ¿Realmente servía al Príncipe de Paz?

Si una firma de relaciones públicas hubiera producido estos resultados, habrían sido despedidos y marcados como incompetentes. El curso de nuestro avance impetuoso en Nigeria fue detenido, y durante muchos años apareció como que Satanás había ganado la batalla en Kano y que Jesús había sido forzado a retirarse.

Nos alegra en gran medida que Dios no posea una firma de relaciones públicas. Él percibe mucho más allá de lo que pueda percibir el ser humano, y posee la carta de triunfo en todo el universo: la omnipotencia.

¿Cómo íbamos a saber que los hechos sangrientos en Kano elevarían nuestro nombre hacia las estrellas en Nigeria? ¿Cómo hubiéramos podido imaginarnos que los ocho largos años de nuestra ausencia cimentarían en aquellas personas un gran anhelo por nuestro regreso? ¿Quién hubiera anticipado que por medio de la violencia en Kano, Dios levantaría una plataforma que en el año 2000 reuniría 1.600.000 vidas para escuchar el evangelio, en una sola reunión? ¿Y que en ese día, 1.093.000 de ellos tomarían la decisión de seguir a Cristo? ¿O que 3.450.000 personas aceptarían a Cristo en los seis días de predicación?

La semilla plantada en Kano continúa rindiendo frutos, y no solamente en Nigeria. Hemos registrado más de 34 millones de personas salvadas en todo el mundo en los últimos tres años y medio. En el momento en que leas este libro, esa cifra estará completamente antiquada, por tanto, actualízate.

❧

Dos largos años de espera pasaron

antes de que supiera el feliz final de esta historia.

¿De qué manera me encargué de ella entre tanto?

He aprendido que cuando hablamos las palabras

que Dios ha susurrado en nuestro corazón,

es él quien se encarga del resto.

La Palabra de Dios dice que él vela por

el cumplimiento de su palabra.

Podemos descansar tranquilos.

Capítulo 8

Cruel e insólito

El 26 de agosto del año 2001 prediqué en el parque Tata Raphael, en Kinshasa, Zaire. Al final del sermón, uno de los miembros de mi equipo me dijo: "Reinhard, hay alguien a quien deberías ver antes de marcharte". Me llevó por las escaleras que estaban en la parte trasera del escenario. Como de costumbre, yo estaba bañado en sudor al predicar al aire libre en las zonas tropicales, y aún me sentía agitado.

"¿Quién podrá ser?", pregunté.

"Es un pastor local, de una de las iglesias que patrocinaron la campaña".

"¿Por qué no le conocí antes? Tuvimos una Conferencia de Fuego para los pastores locales".

"Pero había tantos que él no pudo llegar a ti. Además, al principio no sabíamos de quién se trataba, pero es alguien especial".

Llegamos a un área que había sido preparada para reuniones privadas. Aun detrás de la plataforma se hace necesario controlar las multitudes en nuestras campañas. Entramos en el área, donde había un pequeño grupo de mi equipo de trabajo acompañando a un pastor africano bien parecido.

Inmediatamente me di cuenta de que había visto antes a aquel hombre, pero no recordaba el incidente. Me era familiar, pero diferente al que yo recordaba. Sus ojos eran grandes, pardos y resplandecía en ellos una luz. Su sonrisa era como el teclado de mi viejo acordeón, excepto que el suyo poseía una tecla dorada, un diente grande de oro que resplandecía. Usaba un traje castaño bien planchado de doble pechera, y una corbata de seda carmelita y dorada. Temblaba al verme, pero yo no lograba recordar nuestro encuentro anterior.

No pudo contenerse más, y apresurándose hacia mí, se arrojó al suelo, abrazando fuertemente mis piernas. Besó mis pies y lloró con alta voz, sin preocuparse por perder su apariencia de dignidad.

"Bonnke", dijo llorando, "estoy aquí gracias a usted. Usted salvó mi vida. Usted salvó mi vida".

"¿Quién eres?"

Me incliné y tomé sus brazos, liberando mis piernas de su fuerte abrazo. "Párese aquí y déjeme mirarlo otra vez".

Se puso de pie y me miró, con lágrimas brotando de sus ojos pardos. Me dirigió una palabra, la cual bastó para reconocerlo.

"Bukavu".

"Richard", susurré. "¿Tú eres Richard?"

Recordé que lo había visto doce años atrás, pero no podía creer cómo había cambiado.

"Richard", le dije, "la última vez que te vi, no había diente de oro, sino sólo un espacio vacío, no hablabas inglés y estabas sucio. Me disculpas, pero apestabas como una letrina".

Tomé sus brazos y subí las mangas del traje castaño para ver la evidencia que más recordaba. Sí, era el mismo hombre, y las lágrimas corrían por sus mejillas mientras lo abrazaba.

"Richard, ¿qué ha hecho Dios en tu vida?"

¿Por dónde podré comenzar la historia de Richard? Es una historia tan especial que temo no hacerlo de la manera más justa, pero he de intentarlo. La última vez que lo vi fue en Bukavu, cerca de la frontera oriental del Congo. Sí, fue en Bukavu, en 1989. Pero, ¿cómo llegamos a esa ciudad tan lejana? Nuestro viaje comenzó, según recuerdo, con un informe de los exploradores.

Uno de nuestros camiones se hundió en un río del Congo. Después de treinta años de campañas, no recuerdo cuál río, ni en qué año ocurrió. De todos modos, el gran Congo antiguo, hoy conocido como Zaire, es el país más legendario de África, el cual sirvió de trasfondo a la historia clásica de Joseph Conrad, "Heart of Darkness" (El corazón de las tinieblas). Muchos misioneros han contado anécdotas del Congo desde la época de Stanley y Livingston. Posee un amplio territorio, tres veces mayor que el estado de Texas, con gran cantidad de ríos lo suficientemente grandes como para tragarse a un camión.

Recuerdo que el camión cargado con parte del equipamiento para una de nuestras campañas comenzó a cruzar el río sobre una balsa. La época de lluvia había llegado temprano, y en medio del río, la balsa se inundó en agua y se hundió, tragándose de paso a nuestro chofer. Éste logró salir por una ventanilla y nadó hacia la superficie de la corriente, luchando para alcanzar la orilla, mientras oraba para que no aparecieran cocodrilos. Era un día más en el camino hacia un continente africano lavado en la sangre de Cristo.

Debido a incidentes como éste, decidimos enviar grupos de exploradores, quienes se encargarían de hacer mapas personalizados para ser utilizados posteriormente por nuestras caravanas. Cuando nuestro equipo viajaba a una ciudad en particular, se auxiliaban de estos mapas para evitar peligros similares al anterior.

Nuestros exploradores viajaban en Land Rovers, equipados con sierras manuales para eliminar los árboles caídos que pudieran bloquear nuestro acceso. Al no existir talleres de reparaciones por esos lugares, llevaban consigo todo tipo de herramientas para reparar cualquier rotura que se les presentara en los intrincados caminos africanos. Nuestros exploradores son personas que resuelven todos los problemas que se les presenten, y podrían contar anécdotas que llenarían un libro mucho mayor que éste, créanme.

Cuando viajan, además de investigar las condiciones del camino, se encargan de buscar las zonas potenciales de la ciudad donde podamos levantar la plataforma para la campaña. Investigan todo lo relacionado con la fuente de electricidad, el agua, las alcantarillas, política local, control de la multitud, así como otros detalles que podrían ayudar a nuestro equipo de planificación. Existen muchas formas de equivocarse cuando se conduce una campaña en África, y a través de los años las hemos descubierto todas. Simplemente tratamos de no repetir nuestros errores. Hemos aprendido mucho, y nuestros exploradores se encuentran entre los miembros más experimentados y fascinantes de nuestro equipo. Nos han librado de innumerables desgracias, y no se nos ha hundido otro camión en ningún río.

A finales de los 80, un grupo de exploradores se encontraba haciendo una búsqueda por los caminos del lejano oriente del Congo. Al acercarse a la frontera con Rwanda, llegaron a una ciudad que no se encontraba en la lista de los lugares escogidos para las campañas. Nuestros planificadores simplemente la habían pasado por alto. Se llamaba Bukavu, y tenía casi medio millón de habitantes que nunca habían presenciado una campaña evangelística. Más adelante, los exploradores confirmaron que los caminos que llevaban hasta la ciudad eran transitables en el verano. Muy emocionado, Stephen Mutua, uno de los trabajadores del equipo, me llamó a nuestras oficinas centrales en Alemania.

"Nadie viene aquí a Bukavu, Reinhard", dijo. "Veremos grandes resultados. Será glorioso".

No existe nada que haga latir más fuerte mi corazón que predicar el Evangelio donde nadie más desea ir. Esta aventura comenzó con mi primera asignación en Lesoto, en 1969, un terreno árido para el Evangelio.

Pedí que comenzaran a planificar una campaña en Bukavu, y designé a Stephen para que se mantuviera a cargo.

En julio de 1989 fui hasta allí para predicar. Mi equipo me recibió y me acompañó al hotel donde me hospedaría. Al día siguiente, como acostumbro hacer en cada campaña, pedí que me llevaran a dar un recorrido por toda la ciudad. Stephen había permanecido allí durante varios meses preparando este evento, y le pedí que me mostrara las personas a quienes les iba a predicar. Deseaba escuchar todo lo que había aprendido sobre Bukavu. Llevamos a un intérprete local con nosotros, quien me proporcionó la forma de entrevistarme con las personas en los mercados y vecindarios por los que pasábamos.

Llegamos a una prisión que consistía simplemente en una jaula para humanos, situada casi al final de la ciudad. No había celdas, sólo una gran habitación de ladrillos con un patio rodeado con barrotes de hierro y alambre de púas. Muchos de los prisioneros permanecían en el patio conversando bajo el sol o haciendo ejercicios al aire libre. Un grupo de personas se encontraban de pie fuera de los barrotes del patio. Stephen detuvo el auto y apagó el motor.

"Aquí hay una historia que contar, Reinhard", me dijo.

"¿Qué hacen esas personas fuera del patio de la prisión?", pregunté.

"Son los familiares de los prisioneros. Si no los alimentan, mueren de hambre. El gobierno no provee alimentos a los hombres que están condenados a muerte".

"¿Todos estos prisioneros van a morir?"

"Todos los que ves con grilletes están condenados a muerte".

Había varios hombres que al caminar arrastraban pesadas cadenas que llevaban atadas a sus manos y pies.

Stephen suspiró fuertemente. "Todos los meses viene un verdugo desde Kinshasa. ¿Ves aquel árbol?"

Fuera de la prisión había un árbol del cual se extendían grandes ramas.

"Cada mes", continuó Stephen, "todos los condenados son traídos al árbol. Una cuerda es lanzada sobre la rama más grande con un lazo atado en su extremo. Las personas de la ciudad son invitadas a presenciarlo, y muchos acuden, pues para ellos es la mayor atracción del pueblo. El verdugo se gana la vida a la antigua. No tienen un patíbulo, ya que no consiste en una horca como la de las viejas películas del oeste, donde se les deja caer para romperles el cuello. El verdugo usa el tronco del árbol como una palanca para levantar al condenado, y mantiene atada la cuerda hasta que éste deja de moverse. Entonces baja el cuerpo y repite la operación con el siguiente hombre".

"¿Lo has presenciado?"

"Sí, lo he visto".

"¿Podrías imaginarte siendo uno de los condenados, forzado a mirar lo que te espera?"

"Eso no es todo. Cuando bajan el cuerpo, el verdugo le corta las manos y los pies con un hacha, para que le puedan sacar los grilletes. A no ser que los familiares reclamen el cuerpo, éste es arrojado en una carreta para luego enterrarlo en una tumba colectiva".

"¿Por qué el verdugo simplemente no abre los grilletes? ¿Por qué llegar al extremo de cortarles las manos y los pies?"

"Porque éstos no tienen cerradura. Cuando traen a un condenado, lo llevan al cobertizo que está allí, donde el herrero le suelda los grilletes a sus manos y pies".

"¿Cómo pueden hacerlo sin quemarles la piel?"

"Los hombres reciben terribles quemaduras, lo cual constituye parte del castigo. Al llegar a este lugar, ya se consideran muertos y nadie se preocupa por cuidar de ellos. Algunos mueren por la infección de sus quemaduras, antes de ser ahorcados. Los grilletes que les quitan a los ejecutados son abiertos con una antorcha y preparados para el próximo condenado. Bienvenido a Bukavu".

Ya había visto horrores como estos en otros territorios. Una vez más me di cuenta de que una prisión africana era un lugar aterrador. A diferencia de las prisiones en las naciones occidentales, en esta remota parte del mundo los derechos de los prisioneros eran evadidos. Apenas se analizaba el sistema de justicia a la luz pública, y los principales líderes políticos eran designados, no elegidos. Era común que los que ejercían el poder dominaran a la población por medio del temor y la intimidación. Tuve la oportunidad de conocer a muchos líderes en África quienes utilizaban su sistema de prisiones para librarse de rivales potenciales y enemigos políticos. Con frecuencia, la justicia era aplicada de manera incorrecta, lo cual me hacía pensar cómo sería la vida en las prisiones en los tiempos bíblicos de Pablo y Silas.

"Ahora te diré la buena noticia", me dijo Stephen. "He visitado este lugar, y varios de los condenados han aceptado a Cristo, y durante algunas semanas me he estado reuniendo con ellos para estudiar la Biblia".

"Gloria a Dios, Stephen", le dije. "Deseo conocerlos, llévame adentro para conocer a mis hermanos en el Señor".

Salimos del auto e inmediatamente un extraño sonido llegó a mis oídos. No era más que un ritmo producido con las cadenas, mezclado con el canto de las voces africanas masculinas.

"¿Escuchas eso?", preguntó Stephen, con una sonrisa que me era familiar. "Son tus hermanos".

"¿Mis hermanos? ¿Qué están haciendo?"

"Cantan las alabanzas a Jesús que les hemos enseñado, y para ello, emplean los únicos instrumentos musicales que poseen".

"Sus cadenas", susurré. Me quedé allí escuchando, y en aquel momento, sentí que Alguien más escuchaba junto a mí. Mientras aquel maravilloso canto ascendía por el aire húmedo, sentí que se abría una puerta justo hacia el trono de Dios. Casi pude ver a los arcángeles a la entrada del cielo recibiendo este sacrificio de alabanza. Mi espíritu voló como un ave de su jaula, pues algo extraordinario estaba por suceder.

Entre tanto, Stephen se acercó a los guardias y les explicó quién era yo. Al parecer, ya lo conocían, y nos permitieron entrar, mientras continuaba la canción.

Me sentí aterrado por las condiciones de la celda. Los hombres dormían en colchones sucios sobre el piso de aquel gran dormitorio cubierto de alimañas. Los cubos de excremento se acumulaban a un lado, donde había millones de moscas revoloteando. En medio del calor sofocante, ninguno de nosotros podía escapar del fuerte hedor. Mientras tanto, aquel maravilloso canto de alabanza continuaba elevándose al Señor, acompañado del sonar de las cadenas.

Salimos al patio, e inmediatamente, varios hombres con sus cadenas se acercaron a nosotros. Stephen les habló con la ayuda del intérprete, explicándoles quién era yo. Les saludé brevemente, pues buscaba a los cantantes.

Los divisé sentados en un círculo, eran unos treinta en total, cantando y balanceándose al ritmo de la música. El líder era un hombre de estatura promedio, con una gran sonrisa, y le faltaba un diente. Agitaba sus cadenas como si estuviera dirigiendo el coro de una gran iglesia. Si realmente lo hubiera observado con ojos espirituales, lo habría visto vistiendo un elegante traje castaño.

En el momento en que lo vi, el Espíritu Santo me habló: *Di a ese hombre que va a ser liberado.*

Señor, perdóname, pero sería cruel e insólito decirlo ahora mismo si no lo he escuchado bien. Por favor, dilo de nuevo, esta vez más despacio.

Di a ese hombre que va a ser liberado.

Fuimos presentados al grupo de los que habían sido condenados. Saludé a los hermanos que habían aceptado al Señor Jesucristo y les prediqué a todos un sermón de salvación con la ayuda del intérprete. Algunos de ellos respondieron, aceptando a Cristo por primera vez, y les ofrecí aliento en el Señor. Luego, me volví a Stephen.

"Dile al hombre que dirigía los cantos que me gustaría hablar con él en privado".

Stephen se dirigió al hombre, explicándole mi petición. Lo trajo consigo junto al intérprete, y caminamos hacia un área a solas.

"Reinhard", dijo Stephen, "este hombre se llama Richard".

Fue un honor para mí darle un apretón de manos. "Dile a Richard que el Señor me ha hablado hoy, y me ha dicho que él va a ser liberado".

El intérprete titubeó.

Asentí. "Repite exactamente mis palabras", le dije.

Aclaró su garganta y le habló en su lengua materna. Éste reaccionó, mirando a lo lejos, hacia el árbol donde colgaban a los condenados. Cuando se volvió nuevamente hacia mí, sus ojos estaban llenos de lágrimas. Habló a través del intérprete.

"Tres veces he esperado en la fila. Tres veces el verdugo se ha cansado antes de llegar a mí. La última vez que estuvo aquí, al llegar mi turno, el verdugo me miró como deseando verme muerto, pero levantó sus manos y se marchó".

"El Señor Jesús te ha preservado, Richard", le dije. "Y ahora dice que serás puesto en libertad".

Richard escuchó, pero pude percatarme de que sentía aún demasiado temor como para creer con seguridad lo que le estaba diciendo. La esperanza puede resultar algo muy cruel para un condenado a muerte; un hombre que ha visto el final de su vida tan real y tan de cerca una y otra vez; un hombre que lleva grilletes soldados a sus manos y pies, grilletes que sólo se pueden retirar de una manera.

"¿Cuál es tu delito, Richard? ¿De qué eres culpable?"

"Asesinato".

"Tú no pareces ser un criminal. ¿A quién asesinaste?"

Nos dijo el nombre.

"¿Cómo ocurrió?"

"Estábamos en un bar, y comenzó una pelea".

"¿Tú comenzaste la pelea?"

"No, pero es cierto que lo maté".

"Richard, si lo que dices es verdad, tú no cometiste un crimen, pues fue en defensa propia. ¿Tuviste algún abogado defensor?"

Richard hizo una larga pausa, y nuevamente miró hacia el árbol sin decir nada.

Entonces el intérprete habló.

"Si la persona a quien matas en defensa propia pertenece a una familia adinerada, Reverendo Bonnke, hay muchos en Bukavu deseosos de cambiar su testimonio a cambio de recibir dinero".

Salimos de la prisión y nunca más vi a Richard. Prediqué varios días en el estadio de fútbol, a multitudes de 90.000 personas, lo cual provocó un gran revuelo en el área. Bukavu nunca había presenciado multitudes como aquéllas en toda su historia. Casi todos los habitantes de la región asistieron al menos a una de las reuniones. El número de personas registradas como que habían aceptado a Cristo superó todos los pronósticos por los que habíamos orado. Estábamos sorprendidos.

Al hacer los preparativos para marcharme, le pedí a Stephen Mutua que preparara otra reunión, esta vez con un líder político local. No voy a mencionar su nombre ni el de su oficina, por la naturaleza de la historia que voy a narrar a continuación.

Cuando llegamos a la mansión del líder político, fuimos conducidos hasta una sala de espera, donde nos hicieron esperar un largo rato. Esperar para ver a los poderosos en África es algo que aprendí que debo hacer. Finalmente, una secretaria salió del interior, y nos dijo que el político a quien yo deseaba ver no se encontraba disponible.

Si es cierto, pensé, nos lo hubieran dicho antes, a tiempo para evitarnos el viaje. O es mentira, o han decidido que el gran evangelista debía probar su cristianismo demostrando una paciencia casi infinita en la sala de espera.

El político se encontraba en un viaje a Kinshasa, nos informaron. En lugar de verlo, se nos permitiría reunirnos brevemente con su esposa, quien transmitiría todo a su esposo una vez que nos hubiéramos marchado.

Luego de otro tiempo de espera, una mujer esbelta, vestida con bellas y lujosas telas entró en la sala. Pensé que portaba la misma dignidad imperial de la reina de Saba. Cuando hubo entrado, enviaron a un intérprete, y al fin pude hablar con ella.

Después de todas las formalidades, le dije por qué había pedido hablar con su esposo. Había venido para suplicar por la liberación de un hombre condenado a muerte en la prisión de Bukavu, cuyo nombre era Richard. Le hice una descripción de cómo era él, y le conté la historia del crimen por el cual había sido sentenciado a muerte. Le sugerí que un abogado competente, con toda seguridad, hubiera ganado el caso por defensa propia, o al menos, un buen abogado, con toda seguridad, hubiera encontrado una vía por la cual evitar la pena de muerte a Richard. También le hablé de la conversión de Richard, y de la manera en que dirigía los cantos entre los condenados en la prisión.

Ella escuchó cuidadosamente todo lo que le decía. Luego se paró y se excusó. Dijo que vería qué se podía hacer, pero que los prisioneros que habían sido condenados nunca salían de la prisión de Bukavu una vez que la corte así lo había decidido.

Después de otra larga espera, regresó, y pidió que todas las demás personas salieran de la sala. Finalmente, nos quedamos sólo ella y yo. Se paró frente a mí, muy de cerca.

"Reverendo Bonnke", dijo quietamente. "Usted es un hombre muy poderoso que ha venido de Alemania; su organización es grande, y muchas personas le siguen. Usted desea que mi esposo le ayude, y yo quisiera que usted me ayudara a mí. ¿Entiende?"

"Por supuesto", le dije, "Haré todo lo que pueda".

"¿Tiene usted hijos, Reverendo Bonnke?" "Sí".

"Tengo dos hijos preparándose para la universidad. Aquí, sólo contamos con la Universidad Nacional de Zaire". Se encogió de hombros, como si yo hubiera entendido cuál era su problema. "Estoy segura de que no es el nivel educacional que usted desearía para sus hijos. Además, mis hijos no han podido obtener las becas necesarias para las escuelas a las que desearíamos que asistieran en el extranjero. Yo quisiera que usted les proporcionara esas becas, Reverendo Bonnke. ¿Podría hacerme ese favor?"

Me sentí triste, aunque no sorprendido. En un país donde el dinero era capaz de comprar una sentencia de muerte, con toda seguridad, con un soborno se podía obtener la libertad.

"Lo siento", le dije, "pero no puedo hacerlo. Soy un hombre de Dios, y no voy a cerrar un trato para obtener cualquier clase de justicia. Mi respuesta debe ser no".

Al instante, la mujer dio la vuelta para salir de la sala, y sentí un gran temor por lo que le sucedería a Richard. Cuando llegó a la puerta, casi grité su nombre. Se detuvo y miró hacia mí. Apunté mi dedo hacia ella.

"Dios me ha dicho que Richard será puesto en libertad. Dios ha hablado, por tanto, no se interponga en su camino".

Salió de la sala, cerrando la puerta con fuerza. Mi reunión había concluido.

"Oh, Señor", oré, "salva a Richard por tu gran poder, no por el poder de los sobornos y la deslealtad".

Debo confesar que salí de Bukavu con un gran peso en mi corazón. Temía que había dejado a Richard tal como lo había encontrado: un muerto en vida. Mi única esperanza consistía en que la esposa del político temiera a Dios en algún rincón de su corazón, y que el Espíritu Santo hiciera que mis palabras surtieran efecto.

Dos años después, en Alemania, recibí la noticia de que Richard había sido puesto en libertad. Grité de alegría al escucharlo, pero hasta hoy, no sé que fue lo que produjo su salida de la prisión, sólo sé qué toda la gloria le pertenece a nuestro Padre en el cielo.

Al ser liberado, Richard comenzó una nueva vida en Bukavu. Le dijo al pastor de la iglesia donde asistía que deseaba ir al colegio Bíblico en Kenya, pues quería ser pastor, y había decidido aprender a hablar inglés. Cuando supe acerca de su decisión, me sentí muy dispuesto a proporcionarle la beca. *Cristo para todas las Naciones* pagó todos los gastos de los estudios de Richard. Años más tarde supe acerca de su ordenación, y le envié mis felicitaciones y mis mejores deseos, y parecía que había sido el final de la historia.

Doce años después, en agosto del 2001, se paró frente a mí en Kinshasa uno de los pastores que patrocinaban la campaña de *Cristo para todas las Naciones*. Llevaba puesto un traje castaño de doble pechera, hablaba un buen inglés, su diente dorado resplandecía, y sus ojos brillaban con el gozo del Señor.

Una vez más nos abrazamos y puedo decirte que este evangelista durmió muy bien aquella noche.

☙

Mientras más experiencias poseo en la vida,

menos pretendo conocer la mente de Dios.

No sé por qué algunos son sanados cuando otros no lo son.

Sólo sé que, a veces, es el don de fe de otra

persona el que puede salvar una vida.

Capítulo 9

Una teología muy estrecha

Después de salir de Lesoto, durante siete años dirigí campañas evangelísticas en Sudáfrica, Botsuana, Swazilandia, Zimbabue, y Zambia, donde tuvimos oportunidad de ver a cientos de miles de personas aceptar al Señor, así como numerosos milagros relevantes de sanidades. Dios nos había dado promesa de que nuestro ministerio se extendería más allá de las fronteras del continente africano, por lo cual, nombré a nuestra organización: *Cristo para todas las Naciones*.

En 1980 me aventuré a realizar una campaña en Birmingham, Inglaterra, siendo ésta mi primera campaña fuera de África. Después, en los comienzos del año 1983, otra invitación me permitió realizar una campaña en la ciudad de Perth, en la soleada costa occidental de Australia. Nuestras amistades en esa ciudad consiguieron el Centro de Espectáculos, con 8.000 asientos, y hacia allá nos dirigimos.

En la primera noche, el salón estaba completamente lleno. El equipo de reporteros del canal 4 llegaró para hacer un reportaje. Al subir al escenario, comencé a sostener una conversación con el Señor. "¿Qué harás aquí esta noche, Señor?" Mi mirada fue dirigida hacia el final de la parte derecha del auditorio, donde había una señora vestida de azul, sentada en una silla de ruedas. El Señor me dijo: *"Esta noche voy a sanar a esa mujer que lleva puesto un vestido azul"*. En realidad, no fue algo que escuché acústicamente, sino un mensaje dirigido a mi corazón, y lo acepté.

Al principio de la reunión, me paré para saludar a las personas allí congregadas. Tomé el micrófono y anuncié, lleno de emoción: "Hoy va a ocurrir un gran milagro en Perth, Australia, aquí en este centro de espectáculos". Señalé hacia la mujer vestida de azul: "Aquella mujer va a ser sanada, y saldrá de su silla de ruedas". Los reporteros del canal 4 se mantenían alerta, para cubrir cualquier cosa que ocurriera.

Cuando hice este anuncio, esperaba crear un estado de expectación en la multitud, lo cual, según había aprendido, puede ayudar a que se produzca una atmósfera de fe. Hasta ese día en Perth, había visto que los milagros ocurrían sólo cuando la fe estaba presente, y no me basaba únicamente en mi propia experiencia, sino también en las Escrituras.

En los evangelios de Mateo y Marcos, leemos que el poder de Jesús para obrar milagros se vio limitado por la incredulidad de las personas en Nazaret, por tanto, si la falta de fe pudo limitar el poder de Jesús para obrar milagros, también puede limitar el mío. En algunos casos, vemos que Jesús le dice a las personas que acaban de ser sanadas: "Tu fe te ha salvado". Si Jesús le atribuía los milagros de sanidad a la fe de la persona enferma, yo también debo hacerlo. En esto se basaba mi teología sobre la fe, pero se encontraba enmarcada en un cuadro muy estrecho. Sin embargo, aprendí que a Dios le agrada ampliar nuestros horizontes teológicos.

Cuando hice mi audaz anuncio acerca de la sanidad que Dios obraría en la mujer, no me pareció que se hubiera producido ninguna atmósfera de fe dentro de aquel salón, sino todo lo contrario. La mujer no recibió mi anuncio como una buena noticia, pues ocultó su cabeza entre sus brazos. Al parecer, actué como un predicador sudafricano insensible, queriendo presumir a expensas de la enfermedad de una pobre mujer. Se veía como si deseara que en ese momento se la tragara la tierra, y por un instante, yo deseaba lo mismo para mí. La multitud no respondió de manera positiva, la atmósfera se tornó fría, y me senté.

Lo que yo no sabía era que aquella mujer había asistido como invitada, y no era cristiana, por lo cual, no poseía ningún conocimiento acerca de las sanidades, ni esperaba recibirla. Por supuesto, yo tampoco conocía cuál era su condición, sólo confiaba en lo que había escuchado de parte del Señor en mi espíritu. La mujer padecía una enfermedad degenerativa avanzada que debilitaba sus huesos, llamada osteoporosis, y que si trataba de ponerse de pie, sus huesos se romperían, por lo que los médicos le habían asegurado que nunca más caminaría.

Mientras esperaba mi turno para predicar, dije en mi interior: *"Señor, ella carece de fe. ¿Cómo vas a obrar?"*

Inmediatamente, el Espíritu Santo me respondió: *"Hoy no será su fe, sino tu fe. Vas a ver un gran milagro"*.

Ésta constituía una teología demasiado grande comparada con la mía ¿Ella no tenía fe, pero mi fe era suficiente para que ocurriera el milagro? De inmediato, mi mente corrió a través de las Escrituras. ¿Podría encontrar un ejemplo en el Nuevo Testamento que demostrara que Jesús había sanado a alguien por la fe de otra persona?

Recordé la historia del hombre paralítico a quien hicieron descender por el techo hasta donde estaba Jesús. No fue él quien mostró tener fe, sino que sus amigos lo llevaron a Jesús. No podían entrar a la casa donde Él enseñaba, pero estaban tan seguros del poder de Jesús para sanar que subieron al techo, quitaron parte de la cubierta, e hicieron descender a su amigo hasta donde se encontraba el Señor, dentro de la casa. La Biblia dice que cuando Jesús vio la fe de aquéllos, perdonó los pecados del hombre y sanó su cuerpo. Fue realmente un regalo de fe de los amigos hacia aquel hombre por medio de Jesús. La historia se encuentra en el segundo capítulo de Marcos. ¿Quién era yo para decir que no podía ocurrir de la misma manera en Perth, Australia, en 1983?

Ya tenía mi texto para esa noche. Cuando me dispuse a predicar, lo hice más para mí que para cualquier otra persona. Mi propia fe se fortaleció por medio de esta historia bíblica, de manera que cuando llegó el momento de orar por la mujer, no esperé que su fe estuviera presente.

Al final del sermón, anuncié que procedería a orar por la mujer que se encontraba sentada en la silla de ruedas, como lo había prometido. En la plataforma, junto a mí, había un pastor amigo mío de Sudáfrica, quien susurró: "Reinhard, ahora estás solo". Lo que quiso decir fue que había visto la falta de fe en la mujer, y que no iba a compartir la situación embarazosa en la que me encontraba.

Siguiendo la voz del Espíritu, bajé de la plataforma y caminé hacia la silla de ruedas. Los reporteros de la televisión tomaron su posición para grabar el evento.

"¿Cuál es su nombre?", le pregunté.

"Soy la señora McKelt".

"Señora McKelt, Dios me ha dicho que hoy usted será sanada".

Al prepararme para poner mis manos sobre ella, sentí una mano en mi hombro. Era mi amigo sudafricano. "Uno perseguirá a mil", susurró, "pero dos pueden perseguir a diez mil". Se refería a que íbamos a unir su fe con la mía en esta oración. Hubiera orado sin él, pero me sentía contento de tenerlo junto a mí.

Puse mis manos sobre su cabeza y dije: "En el nombre de Jesús, levántate y camina".

Lentamente, insegura, se puso de pie. Parecía que las personas aguantaban la respiración. El canal 4 filmaba el suceso.

"Ahora camina", le dije.

Comenzó a caminar como Frankenstein, avanzando como si llevara botas de plomo en sus pies.

"¡Corre en el nombre de Jesús!", le grité. "¡Corre!"

De pronto, salió como un disparo, corriendo, gritando, riendo, y saltando. Actuaba como una persona a quien el Creador del universo acababa de rehacer, sin dolor alguno, en sólo diez segundos.

El canal 4 transmitió el reportaje. Al día siguiente llevaron la cámara para reportar desde su casa. Cuando abrió la puerta, la cámara reveló la silla de ruedas doblada en un rincón. Como podrás suponer, nuestras reuniones en Perth a partir de aquel momento fueron dadas a plena capacidad.

Años después, la señora McKelt asistió a un banquete para los amigos del ministerio *Cristo para todas las Naciones*, en Perth. Fue para mostrarme que se encontraba completamente sana.

No más huesos quebrados. Era una hija de Dios que había sido liberada. Para mí, constituyó un ejemplo más del amor y la sublime gracia de Dios, y por eso le alabo.

A través de la señora McKelt, aprendí a cuidar de no encerrar a Dios en una caja teológica, pero aun cuando lo hago, sé que puedo ser liberado al escuchar y obedecer la voz de su Espíritu. Hoy, cuando oro por alguien y esa persona no es sanada, en mi interior no le culpo por su falta de fe.

∞

A veces pensamos en los médicos como enemigos de la fe,

lo cual será cierto sólo en la medida en que lo permitas.

Dios también es Señor sobre la medicina,

usando a los médicos para hacer su voluntad,

consciente o inconscientemente,

en su propósito divino.

Capítulo 10

Confiando en la promesa

Durante todo el día, Sulamith Mörtzschke observaba a los niños crecer, pues era maestra de preescolar. Amaba su trabajo, pero le resultaba doloroso porque anhelaba tener sus propios hijos.

Su esposo, un joven abogado, acababa de comenzar su práctica cerca de Frankfurt, y los fines de semana servía en su iglesia como líder de alabanza. Era un hombre honesto y respetado, y ella deseaba complacerlo más que a cualquier otra persona. Ambos se sentían llamados a ser padres cristianos, para educar a sus hijos en el temor del Señor, pero después de cinco años tratando de tener un hijo, ella supo que algo andaba mal.

Sulamith comenzó a culparse, pues su incapacidad para concebir la hacía sentir una mujer inferior. En lo profundo de su corazón, sentía que su esposo sería más feliz si hubiera escogido otra pareja. Cada mujer que ella conocía, le parecía una mejor candidata.

Día a día se repetía un drama doloroso en el pre-escolar, cuando las madres iban a recoger a sus hijos. Siempre que un niño gritaba el nombre de su mamá y corría hacia la puerta donde le recibía un gran abrazo, Sulamith no podía ni mirar, temiendo nunca escuchar ese llamado de la boca de sus propios hijos, ni experimentar una verdadera maternidad. Aquel dolor la amonestaba tanto que apenas podía soportar la mirada de las madres a quienes servía. Se sentía inferior e indigna de su afecto.

En su desesperación, ella y su esposo visitaron a su médico de cabecera, y luego de muchas consultas sin éxito alguno, los remitió a un centro especializado para las parejas que no pueden concebir. Ésta era la clínica de más recursos en la región de Alemania donde ellos vivían. A diario empleaban las más modernas técnicas reproductivas, y el conocimiento combinado de todos los especialistas que pudieran ayudarles se encontraba disponible por un precio. Y el precio era alto.

Comenzaron una serie de pruebas de comprensión, iniciando con entrevistas intensivas. El equipo de especialistas les hizo numerosas preguntas personales acerca de su trasfondo familiar, así como de sus propias vidas. Luego les hicieron pruebas exhaustivas para saber si el problema se encontraba en el funcionamiento de los ovarios o si era algo relacionado con la esperma. Los médicos emplearon todos los métodos disponibles para determinar de quién era el problema. Algunas de las pruebas eran humillantes para ambos. A veces se sentían como ratas de laboratorio, y al regresar a casa, la tristeza les embargaba. No estaba bien investigar un don de Dios con métodos tan molestos, sin embargo, no conocían otra solución.

En ese tiempo, habíamos planificado una Conferencia de Fuego de *Cristo para todas las Naciones* en Böblingen, Alemania, y su iglesia cooperó con nuestro ministerio en los preparativos. Me sentía tan emocionado, pues era en 1999, cuando celebrábamos veinticinco años de esfuerzos evangelísticos organizados. Nuestros amigos del área de Böblingen se encontraban entre los primeros que me habían apoyado al iniciar el ministerio. Ahora podía celebrar aquella duradera asociación trayendo a su ciudad esta conferencia por el veinticinco aniversario.

Como en todas estas conferencias, mi objetivo consiste en inspirar a cada cristiano hacia su llamado como testigo de Jesucristo. No solamente predico, sino también invito a otros predicadores que considero que pueden aceptar el reto en este sentido. En la noche final, el evangelista Steve Hill predicó un sermón que dio en el blanco, poniendo fin a una maravillosa conferencia de talleres y seminarios.

Entre las personas que asistían aquella noche, se encontraban Sulamith y su esposo, quienes se sintieron profundamente tocados por Dios. En sus corazones hicieron nuevos compromisos para testificar de Jesucristo, predicando el Evangelio a todas las personas que el Señor les pusiera en el camino al regresar a casa luego de sus actividades diarias.

Llegué al púlpito para cerrar la reunión con una oración. Pedí a todos que inclinaran sus rostros y comencé a pedirle a Dios que llenara con su poder y bendición las vidas de los presentes. Comencé a presentar en oración el próximo año de campañas. Nuestro comité de planificación lo había llamado "La Cosecha del Milenio", y confiaba en que durante el año 2000 Dios haría grandes cosas por medio de nosotros, con cifras récord de almas libradas del infierno para ser registradas en el cielo. Todos estos pensamientos salían de mi ser en medio de la oración, como una fuente de agua fresca.

Mientras oraba en el púlpito, Sulamith fue invadida por un sentimiento de desesperación. No existía nada más importante para ella, como ganadora de almas, que guiar el crecimiento de su propio hijo, dedicándolo a Dios desde su vientre. Entonces comenzó a suplicarle a Dios: "Amado Señor, por favor, háblale a Reinhard acerca de nuestra necesidad, permítele decir algo sobre nuestro deseo de tener un bebé".

En el púlpito, de pronto me detuve. De manera abrupta, el Espíritu tocaba a la puerta de mi corazón. El director de mi ministerio, Peter van den Berg, y otros que se encontraban conmigo en la plataforma, aún recuerdan aquel momento.

"Siento que no debo continuar", dije, "hasta no haber orado por los enfermos. Ahora voy a orar por los que estén enfermos antes de salir de este lugar".

Cuando comencé a orar, el Espíritu Santo puso estas palabras en mi mente y mi corazón, y las dije en voz alta: "Alguien en este lugar posee un intenso deseo de tener un hijo. Cuenta nueve meses a partir de este día, y lo tendrás". Lo sentía de manera tan poderosa, que lo dije una vez más: "cuenta nueve meses a partir de este día, y tendrás a tu hijo".

Mientras tanto, Sulamith apenas podía contenerse. *¿Serían para mí esas palabras, Señor?*

Terminó la reunión sin que hubiera escuchado nada confirmando que realmente había escuchado de parte de Dios aquella maravillosa promesa del nacimiento de un hijo. Los delegados salieron del salón para regresar a sus hogares.

Aquella noche, Sulamith le habló a su esposo del asunto mientras éste conducía el auto. Le contó cómo había orado secretamente para que Dios me hablara mientras dirigía la oración final. Su fe se había elevado de tal manera, que me detuve para decir lo que el Espíritu me estaba hablando. Aquella promesa tenía que ser para ellos, pensó.

Su esposo se esforzó para creer que Dios había interrumpido aquel gran evento para darles un mensaje, pero lo que no podía negar era que yo había pronunciado aquellas maravillosas palabras. Durante todo el trayecto hasta su casa conversó con su esposa sobre el tema, decidiendo tomar para ellos la profecía de los nueve meses. Si Dios les había hablado a través de mis palabras, se dijeron a sí mismos, simplemente ocurriría de esa manera.

Diez días después de la conferencia, sonó su teléfono. Un miembro del equipo médico que los había atendido los llamó para darles una mala noticia. Los médicos expertos de la clínica analizaron todos los datos de las pruebas de fertilidad, arribando a una conclusión: no había esperanza alguna de que concibieran un hijo. La clínica no les recomendaba que lo siguieran intentando, pues los médicos habían determinado que la fertilización artificial no funcionaría en su caso, ni siquiera una operación quirúrgica les ayudaría. La persona que hizo la llamada les dijo que los médicos habían sugerido que pensaran en la adopción como único recurso.

Sulamith se quedó aturdida. Todas sus esperanzas se habían elevado con las palabras que escuchó en la conferencia, pero ahora se le vinieron abajo, estrellándose como una copa de cristal. El Señor le había dicho que contara nueve meses, mientras que los médicos le decían que no contara con ninguna posibilidad.

Sentimientos de inferioridad descendieron sobre ella como una oscura nube. Sospechaba que su vida no era más que un fracaso como mujer, pero ahora lo había confirmado. El dolor de saber que nunca concebiría un hijo como una madre biológica regresó a su mente con furia. Por el momento, no podía pensar en la adopción. Solamente escuchaba el silencio de la guardería que había construido en su mente para un hijo que nunca nacería.

Al colgar el teléfono, estalló en cólera. Luego de todo lo que habían invertido en aquella clínica, ¿cómo era posible que una noticia tan sensible y devastadora les fuera dada en una llamada telefónica informal? El insulto provocó que se añadiera un dolor aún mayor a su herida.

Días más tarde les llegó una carta de la clínica confirmando todo lo que ya había escuchado por teléfono. Al compartirlo con su esposo, ambos se dieron cuenta de que su anterior decisión de aceptar la promesa del Señor había tomado un mayor peso, pues ahora estaban completamente seguros de que por medios naturales les sería imposible concebir. Su fe se tambaleó, pero al mismo tiempo se fortaleció de una manera extraña. Sólo Dios podía hacer que tuvieran el hijo que tanto anhelaban.

Sulamith regresó a su trabajo en el preescolar, observando cómo jugaban los niños de otras personas y les enseñaba acerca de Dios y su amor por ellos. Mientras tanto, su corazón oscilaba entre la promesa que Dios le había dado en la Conferencia de Fuego, y la cruel decepción recibida a través del informe médico. Cada día se esforzaba por creer en lo imposible, preguntándose si Dios le habría hablado a otra mujer y no a ella, por medio de la profecía de Reinhard Bonnke en la Conferencia de Fuego. Su esposo se encontraba tan inmerso en su trabajo que le quedaba poco tiempo para pensar o hablar al respecto.

Transcurrieron siete semanas, cuando Sulamith sintió que había algo diferente dentro de ella. Al principio no se atrevía a decir nada, pero su cuerpo evidentemente iba cambiando. Al fin se decidió a compartirlo con su esposo e inmediatamente planificaron una visita al médico.

En la consulta, le hicieron las pruebas y no podían creer los resultados. Sulamith tenía siete semanas de embarazo. ¡Era imposible!

Diez semanas después de la conferencia recibí un correo electrónico diciéndome que había ocurrido un embarazo como cumplimiento de la profecía que había dado en la Conferencia de Fuego. A la mamá y al bebé les hicieron pruebas, dando como resultado que ambos estaban saludables. El parto se produjo el 23 de febrero del año 2000, exactamente nueve meses después del día en que Dios lo había declarado.

Hoy, la familia Mörtzschke tiene dos hijos saludables, a los cuales educan en el temor del Señor. Uno de ellos asiste al preescolar donde su mamá es maestra. Sulamith ha recibido los deseos de su corazón.

Por medio del mismo Espíritu que habló a mi corazón en Böblingen aquella noche, te digo que Dios tiene planes maravillosos para ti. Cuenta con ello.

എ

El libro del Génesis

establece la ley de la siembra y la cosecha.

Esta historia nos recuerda que a veces el tiempo

entre ambas se hace muy extenso.

Después que la semilla cae al suelo y muere,

continuamos por fe, aunque sea una fe tambaleante,

creyendo que la semilla de su Palabra no

dejará de producir una buena cosecha.

Capítulo 11

Un grito en el silencio

Ésta es una historia de amor en la cual desempeño un papel casi insignificante, así que me haré a un lado para contarla como lo hacen David y Rita. David Attah creció en un hogar musulmán en Nigeria. Era de estatura promedio, cuerpo atlético, y con un rostro sensible y agradable. Llevaba espejuelos con borde de metal para ver de cerca, los cuales le daban la apariencia de un hombre inteligente.

Durante muchos años cargó con un gran sufrimiento en su interior. Siendo único hijo, su madre murió cuando era aún un niño, su padre nunca lo quiso y sus amistades fueron pocas. Pensó que había llegado al límite, por lo que un día decidió perder su soledad.

Se mudó para Makurdi, a una casa junto a un grupo de estudiantes, y se matriculó en un curso de licenciatura en comunicaciones, en la filial local de la Universidad Estatal de Nigeria. Llevaba una sonrisa en su rostro y un cálido saludo para todos. Pronto había alcanzado su meta: se encontraba rodeado de amigos, había perdido su soledad.

Transcurrieron casi cuatro años de fervientes estudios. El dolor del pasado fue sepultado al disfrutar de la compañía que tanto anhelaba. Cuando sus compañeros presentaban algún problema, ahí estaba él para escucharles y preocuparse por ellos. Cuando tenían problemas financieros, tomaba de su propio dinero y les hacía préstamos, muchos de los cuales nunca le eran devueltos.

Muchas veces su dinero devuelto se convertía en regalos, ya que le gustaba socorrer a los demás. Por tales cualidades se hizo popular, y tanto los estudiantes, como los profesores y demás trabajadores, todos amaban a David Attah.

Al pueblo llegó un evangelista, y David asistió a sus reuniones con un compañero de estudios llamado Jonah, quien siempre había creído en Dios. David se preguntaba: "¿Qué clase de Dios es él?" Su familia musulmana le había enseñado que Alá era absolutamente soberano, y planificaba todo lo que estaba por acontecer. Lo mejor que todos podían hacer era aceptar su destino como la voluntad de Alá. Pero David había sido destinado a ser un muchacho solitario, y rechazaba aquel destino. Se encontraba listo para aceptar al Dios de los cristianos, quien decía: "Debes nacer de nuevo". Amaba el lenguaje cristiano acerca del nuevo nacimiento, comenzar de nuevo y las segundas oportunidades.

El sermón de la campaña presentó a un Dios de amor que había muerto por los pecados del mundo. Todas las rigurosas creencias musulmanas que había aprendido en su vida encajaban con la personalidad de su padre terrenal: falto de amor, inflexible, indiferente. Jesús, por el contrario, revelaba a un Padre celestial lleno de amor, quien envió a su hijo a morir por el mundo. Su decisión parecía bien definida, por lo que levantó su mano y repitió la oración de profesión de fe, aceptando a Jesús como su Salvador. Ahora su nueva vida llena de amistades duraría para siempre.

Pero de pronto, todo cambió. Iba caminando hacia la escuela, cuando una mujer aceleró su auto en una intersección, atropellando a David. La policía acudió y arrestó a la mujer. David no supo nada de lo ocurrido, pues permanecía inconsciente con severas lesiones en la cabeza, huesos quebrados, y un posible derrame interno. Fue trasladado al hospital en una ambulancia.

Cuando volvió en sí, se encontraba en la sala del hospital y escuchó una voz familiar que le decía: "Has estado ausente durante dos días". Con su visión borrosa aún, pudo percatarse de que sus brazos y piernas estaban enyesados, su cabeza le dolía, y la tenía envuelta en vendas. Luchaba por recordar qué le había sucedido.

Se dirigía a sus clases, cuando de repente, todos corrían para alejarse de un auto que avanzaba a gran velocidad, pero alguien se interpuso en su camino. Recordó que le parecía encontrarse fuera de su cuerpo en el vacío. Observó sus espejuelos con borde metálico volando, mientras su cuerpo daba un salto mortal como si fuera en cámara lenta, y luego escuchó el sonido del auto golpeando su cuerpo. El tiempo se había dislocado en su mente, pues los eventos que debían haber ocurrido primero sucedían después, y otros que ocurrían después debían haber ocurrido primero. Hubo un destello de luz y luego una oscuridad que se mantuvo durante cuarenta y ocho horas.

Ahora permanecía en la sala del hospital. Logró distinguir a Jonah a su lado, pues fue su voz familiar la que escuchó al despertar. Ellos eran compañeros de cuarto y debían graduarse juntos. Los exámenes finales comenzarían en unas semanas, pero debido a la gravedad de sus lesiones David sabía que no podría graduarse con sus amigos. Su sueño de comenzar una carrera en comunicaciones sufrió un gran revés. ¿Cómo fue que Dios escogió ese momento para establecer un destino como ése para él? Quizás Alá era Dios, después de todo.

Cerró sus ojos, y cada latido de su corazón enviaba una pulsación de dolor a través de sus párpados. Sentía como si hubieran dejado caer un yunque de hierro sobre su pecho, pues cada bocanada de aire que tomaba le producía un intenso dolor en el tórax. Sólo deseaba dormir, pero se dijo a sí mismo que debía despertarse a las 3:00 a.m. para orar, pues para él, era la hora mágica. Recordaba el credo que escuchó desde pequeño: "Creemos en lo que Su Mensajero nos dijo, que él desciende al cielo cercano antes del último tercio de cada noche y dice: '¿Quién ora para que yo le responda? ¿Quién me pide para que yo le dé?'" Mientras su cuerpo golpeado se quedaba dormido, David se preguntaba por qué Alá hacía preguntas a las 3:00 a.m. ¿Por qué no ofrecía respuestas?

Cuando volvió a despertar, ya brillaba el sol en el cielo y había perdido la oportunidad para orar. Mientras una enfermera chequeaba sus signos vitales, decidió preguntarle acerca de la gravedad de sus lesiones, pero al tratar de pronunciar las palabras, no logró mover su boca ni pronunciar sonido alguno, por lo cual se sintió alarmado. Había desarrollado la habilidad de expresar su bondad y gratitud hacia quienes le rodeaban, pero ahora las palabras en su mente no producían movimiento alguno en su lengua. Era como si se hubiera cortado la conexión.

Pensó que quizás las vendas alrededor de su cabeza le apretaban demasiado las mandíbulas, impidiéndole hablar, pero sus brazos habían sido inmovilizados por el yeso, por lo que no podía tocar su cabeza. Una vez más intentó hablar a la enfermera. Ya no le interesaba pronunciar palabras, trató de emitir un sonido, cualquiera que fuera, pero nada ocurrió. La enfermera lo miró con simpatía, y salió de la sala. Comenzó a sentirse desconectado de una manera extraña y el temor acudió a su mente como un fuego abrasador.

Sobre la mesita al lado de la cama vio su Biblia. Jonah debió haberla dejado allí. Al verla, recordó que, a diferencia de Alá, el Dios de la Biblia se encontraba dispuesto a escuchar nuestras oraciones las veinticuatro horas del día, por tanto, no tenía que despertarse a las 3:00 a.m. para impresionarlo con su devoción. Quizás debía orar a su Padre celestial en el nombre de Jesús, pero ¿qué le diría? ¿Le pediría protección de peligros o accidentes? Ya era un poco tarde para eso. ¿Le pediría sanidad? Más adelante meditaría acerca de la oración, pues por el momento, su fe se encontraba tan estropeada como su cuerpo.

En los meses siguientes, comenzó el arduo trabajo de la terapia. Durante ese tiempo, un neurocirujano del Hospital General de Makurdi le hizo pruebas para verificar su capacidad de hablar, descubriendo que aún la poseía, y también podía escribir, pero David había perdido completamente la habilidad de hacer que su boca articulara las palabras. Ni siquiera podía emitir un susurro. El doctor consultó las publicaciones médicas y regresó para decir a David que consistía en un trastorno llamado *afasia*, producido por lesiones en la cabeza. Había muchos tipos de afasia, y la que presentaba David aparecía claramente en la literatura.

En las siguientes semanas de rehabilitación, David recuperó el uso de su mano derecha, y comunicaba sus pensamientos por escrito. Los médicos y demás trabajadores del hospital desarrollaron un afecto especial hacia aquel paciente tan brillante y sensible, y se esforzaban por alentarlo, diciéndole que algún día recuperaría su habilidad para hablar de una manera tan misteriosa como la había perdido. Para David resultaba difícil albergar esa clase de esperanza, pues le parecía que lo decían sólo para animarlo. Él deseaba recibir un diagnóstico claro y un verdadero tratamiento médico, de otra manera, prefería no escuchar aquellas mentiras.

Entre tanto, la cuenta del hospital aumentaba en gran manera, puesto que nada resultaba gratis en el Hospital General de Makurdi. Los medicamentos para calmar el dolor, así como los anticoagulantes, consumían hasta 250 nairas por día, sin incluir la habitación y las pruebas médicas. En sólo unas semanas, se le había agotado el dinero, y se hundía en una profunda deuda.

Los pacientes eran quienes se pagaban sus comidas, pero ya él no podía hacerlo; así que, para evitar el rápido aumento de su deuda, decidió comer de lo que les sobrara a los demás pacientes. Él les agradaba tanto, que en realidad, le dejaban parte de su comida. Por un tiempo se las arregló para vivir de esta clase de caridad.

Sus compañeros de la universidad se graduaron, y ahora ocupaban todo su tiempo en sus nuevas vidas y carreras. Recibía visitas de Jonah y otros compañeros de estudios durante los primeros días después del accidente, pero luego de pasar varias horas a su lado, se impacientaban, pues el David que ellos conocían poseía respuestas rápidas para todo y era muy conversador. Ahora todas sus respuestas tenían que ser escritas, y parecía haber perdido su habilidad de contestar rápidamente a las observaciones de los demás, y se hacía muy difícil entablar una conversación con él. Frustrado, Jonah lo acusó de fingir su mudez. "¿Por qué no te acabas de recuperar?" Le dijo, saliendo de la sala para no ser visto jamás.

David decidió vender todas sus pertenencias para pagar la cuenta de los medicamentos. Envió a alguien para que recogiera sus cosas en la casa que compartía con sus compañeros de estudios, pero cuando llegó, la habitación estaba totalmente vacía. Parece que sus viejos amigos se lo habían robado todo. Quizás habían vendido sus cosas para pagar su cuenta atrasada, pero cualquiera que fuere la razón, no se habían molestado en compartir sus planes con él. Nunca más volvió a ver a sus amigos de la universidad.

Al saberlo, se sintió afectado, pues la nueva vida que había hecho en Makurdi, rodeado de amigos, no había sido más que un espejismo. Después de todo, tal vez había sido destinado a permanecer solo, y nunca había cambiado su situación. Las cosas viejas no pasaron, no se hicieron nuevas. Entonces comenzó a sumergirse en ataques de depresión.

Sin tener adónde ir, sin familiares inmediatos que cuidaran de él, David se quedó en el hospital. Un día, un equipo de reporteros de la televisión nacional fue para hacer un reportaje sobre él, y el neurocirujano local describió su caso a la teleaudiencia. Fue transmitido a todo el país, y tanto el nombre como el rostro de David fueron vistos en toda Nigeria. La publicidad fue utilizada para recaudar dinero para el hospital. Después de esto, fue conocido afectuosamente como "El Presidente" de la junta del hospital. Los trabajadores y pacientes lo trataban como si fuera el dueño.

Pero no se hacía ilusiones, pues era el hospital el que lo poseía a él, y a cada centavo que hiciera por el resto de su vida. Además, ya una vez disfrutó esta clase de adulación de parte de todas sus amistades en la universidad. Sabía bien que todos los que le mostraran hoy su devoción, mañana lo abandonarían.

Un día, el neurocirujano orientó hacerle a David una prueba de resonancia magnética en su cabeza. A partir de los resultados, sugirió que podía someterse a una operación quirúrgica para eliminar una parte de tejido muerto en la parte de posterior de su cabeza, que ejercía presión sobre el cerebro. Dijo que esta delicada operación podría traer resultados positivos, y aunque no era una promesa, David estaba dispuesto a arriesgarse ante cualquier posibilidad de recuperar el habla. Estuvo de acuerdo en someterse a la operación, pero la situación política en Nigeria se vio trastornada de pronto, y el médico abandonó el país con su familia, quedando olvidados todos los planes para la operación de David.

Aquello ya era demasiado, por lo que David decidió terminar su dolor. Aprovechó que tenía libre acceso a la farmacia para llevarse un poco de veneno, y preparó una dosis mortal. Si Dios lo había destinado a la soledad, a la deuda, al fracaso, y a la mudez, él deseaba abandonar su vida. Se presentaría cara a cara ante Dios para pedirle que le entregara su asignación a otra persona.

Se sentó y escribió una carta, agradeciendo al equipo médico del hospital por todo su esfuerzo. Dejó claro que su muerte había sido provocada por su propia mano, y describió las razones por las cuales había decidido suicidarse. "No vale la pena vivir", escribió. "Siempre estaré solo, no me importa nada".

Puso la nota dentro de su Biblia, la colocó sobre la mesa de noche, y se acostó. Su plan consistía en esperar hasta que la persona que estuviera de guardia se durmiera, para tomar el veneno. Nadie lo encontraría hasta que fuera demasiado tarde.

Sintió una extraña sensación de paz con respecto a su decisión. La confusión constante que afectaba su mente día y noche, simplemente cesó. Luego se dio cuenta de que el autor de la muerte, el enemigo de su alma, coopera con aquellas personas que deciden ayudar a su malvada causa.

Mientras permanecía allí acostado, Alguien Más tenía mayores y mejores planes para él. Una muchacha hermosa de ojos grandes y afectuosos entró en su sala. Al principio, David pensó que estaba soñando, pues no se trataba de una de las enfermeras. Él conocía a todas las personas que trabajaban en el Hospital General de Makurdi, y hubiera recordado a esta adorable criatura.

"¿Puedo hablar contigo?", preguntó.

Su voz era suave y cálida. Hablaba con un tono firme que parecía estar arraigado en la tierra que pisaban sus pies. Se preguntó si sería un ángel, mirándola perplejo.

"Sé que no puedes hablar", dijo. "Pero me han dicho que escribes muy bien".

Él se sentó y asintió. Tomó su cuaderno de notas y escribió: "¿Quién eres?"

Acercándose, se inclinó para leer la nota. David pudo detectar la delicada esencia floral de su perfume, la cual llenó su cabeza con la idea de que si no poseía razón alguna de vivir por sí mismo, lo haría por alguien más.

"Me llamo Rita. Me estoy preparando para ser enfermera", dijo.

"¿Así que te enviaron para que practicaras conmigo?", escribió.

"No, vine por curiosidad, pues te vi en la televisión y decidí visitarte. Hablé con el equipo médico y me han dicho que te encuentras deprimido". Extendió su mano y tomó la Biblia de David. "¿Eres cristiano?"

Él asintió.

"¡Lo sabía, yo también lo soy!", exclamó con una amplia y dulce sonrisa. Abrió la Biblia y vio la nota que David había acabado de escribir. "¿Puedo leerla?"

David se quedó paralizado. No estaba seguro de la razón por la cual permitía que ella leyera la nota de suicidio, pero en su interior, lo deseaba. Asintió, y observó cómo cambiaba la expresión de su rostro.

Lo miró, frunciendo el ceño. "¡Nunca, nunca debes hacer esto!", le dijo. "Quiero que me prometas que no harás algo tan terrible".

David miró a lo lejos. No podía hacerle tal promesa, pues no podía prometérselo ni a sí mismo. Negó con su cabeza.

Ella se sintió ofendida y le habló ásperamente: "¿Realmente crees en Dios, David?"

Asintió.

"¿Te dio Él la vida?"

David pensó en Alá y en el Dios cristiano. En ambos casos la respuesta era afirmativa. Asintió.

"Entonces Él no te perdonará si tomas por tu propia cuenta tan precioso regalo". Ella caminaba de un lado a otro, mirándolo de manera penetrante. "Tu vida no te pertenece a ti, David, sino a Dios. Irás al infierno si te suicidas, y yo no deseo que vayas al infierno".

David se preguntaba si el infierno resultaría tan solitario como su vida. Tomó su libreta y escribió: "Mi familia se ha ido, mis amigos me han traicionado, he perdido todas mis pertenencias, mi educación ha sido en vano, no puedo pagar mis deudas, estoy solo, y ni siquiera a Dios le interesa".

Mientras Rita leía la nota, escuchó una voz hablando a su espíritu: *"Si deseas que él haga esa promesa, debes prometerle que serás su amiga".*

Rita habló lenta y deliberadamente: "Dios se interesa mucho por ti, David, y fue Él quien me envió hoy hasta aquí. Si me prometes que nunca te quitarás la vida, te prometeré algo a cambio".

David no podía creer que ella estuviera diciendo aquellas palabras. Nunca había escuchado a nadie proponer algo tan íntimo a un extraño. Tomó su libreta y anotó: "¿Cómo puedes prometerme algo sin conocerme?"

"Tú tampoco me conoces, pero si me prometes que no te quitarás la vida", le dijo, "entonces prometo que permaneceré a tu lado, sin importar lo que ocurra. Seré tu amiga".

"Eso es algo que nadie puede prometer", escribió.

"No te lo prometo a ti, David, sino a Dios, de lo profundo de mi corazón, y él me ayudará a mantener la promesa. Pero no pienso comprometerme a nada con alguien que piensa en suicidarse. ¿Me comprendes?"

En sus palabras, David escuchó lo que más ansiaba escuchar: una garantía de lealtad incondicional. Sin embargo, no podía creer que alguien, incluyendo a aquella hermosa joven, pudiera mantener tal promesa. Además, Rita se encontraba en edad de casarse, y muchos hombres desearían tenerla por esposa. Si se casaba, su esposo no toleraría que permaneciera al lado de otro hombre.

"Prométemelo", le dijo ella.

No tenía absolutamente nada que perder. ¿Sería que Dios envió a esta joven para que lo sacara de su prisión silenciosa? Con un gran esfuerzo decidió hacer la promesa, y tomando su libreta, escribió: "Te prometo, Rita, no quitarme la vida".

"Escribe tu nombre", le dijo ella.

Lo escribió.

"Ahora escribe la fecha", le pidió.

Añadió la fecha.

Ella tomó el papel y lo leyó nuevamente. Lo dobló con cuidado y lo puso en su cartera. Luego tomó la nota de suicidio de dentro de la Biblia.

"Le prometo a Dios y a ti, David", dijo, mientras hacía pedazos la nota, "que desde este día en adelante seré tu verdadera amiga".

Al día siguiente Rita le trajo la comida, y continuó haciéndolo a diario. También hacía sus recados y lavaba su ropa. Sostenían largas horas de conversación, ella hablando y él escribiendo. Ella valoraba la forma especial en que él utilizaba las palabras, así que le preparó carpetas para que guardara sus escritos.

En todo el hospital los pacientes y trabajadores comenzaron a bromear con David: "Ahí viene tu esposa", le decían cada vez que Rita se acercaba. David se sentía halagado, pues pensaba que no se merecía una esposa como ella.

Sus deudas aumentaban. David decidió demandar a la mujer que lo atropelló con su auto, y Rita lo ayudó con el dilatado proceso legal, que demoró varios meses. Al final del juicio, un jurado compasivo lo recompensó con 1.000.000 de nairas por los daños causados. Se sintió feliz al pensar que podría pagar su deuda al hospital, así como proveer para los gastos en medicamentos. Pasaron los meses y quedó claro que aquella mujer había encontrado la forma de evadir el pago de la multa. Abundaron las apelaciones legales al veredicto, logrando solamente que el pago se retrasara y fuera desviado. El estado emocional de David sufría altas y bajas con la batalla legal.

Rita fue aceptada en la escuela de enfermería en Enugu, a cientos de kilómetros de distancia. Prometió que no lo olvidaría, y que regresaría a Makurdi. Entre tanto, localizó a un ministerio local que servía a huérfanos y viudas, y acordaron admitirlo como parte de su proyecto mientras ella se encontrara fuera de allí. Desde Enugu, Rita continuó su conversación con David mediante cartas, escribiendo a diario mientras transcurría el tiempo de sus estudios.

Llegó el momento de su graduación, y su familia se sentía feliz y emocionada. Deseaban que buscara trabajo en Lagos, o en otros lugares más atractivos de Nigeria, pues en la escuela le dijeron que sería aceptada donde quiera que ella decidiera trabajar. Además, hablaba inglés, por lo que podría incluso encontrar trabajo en América. Pero rechazó la posibilidad de trabajar fuera de Makurdi. "Le hice a Dios la promesa de ser amiga de David", dijo, "y pienso mantenerla".

Su familia no se sentía feliz con esta decisión, y comenzaron a despreciar a David. Le aconsejaban que ya había hecho más que suficiente por cumplir su promesa, y que podía mantener una amistad por correspondencia desde cualquier ciudad. Rita escuchaba, pero al mismo tiempo, sentía que no debía abandonar a David. La promesa que había hecho a Dios y a David no le permitía continuar su propia vida como le aconsejaba su familia. Comenzó a trabajar en el Hospital General de Makurdi, donde vivía David.

Al comenzar su trabajo se dio cuenta de que el hospital lo estaba incapacitando, por lo que le insistió en que saliera de allí e hiciera su propia vida. Él no deseaba abandonar el hospital, pues no tenía adónde ir, pero ella insistió hasta que él decidió hacerlo. Encontró trabajo en una farmacia que le permitía adquirir sus medicamentos por crédito. El dueño poseía un cuarto donde podía vivir sin pagar alquiler. Ahora podría comenzar a pagarse sus propios gastos, y al menos, parte de su deuda.

Rita continuó visitándolo, trayéndole comida y alentando su fe en el Señor. Un cristiano apuesto comenzó a visitar a Rita, y sus padres se sentían contentos, pues lo veían como un buen esposo para su hija. Ella se dio cuenta de sus intenciones y le dijo que no podía casarse mientras mantuviera su promesa de cuidar de David.

Al saberlo, David se conmovió. No tenía nada para ofrecerle, pero un día escribió: "Rita, ¿te casarías conmigo?"

Ella vaciló. "Dios nos mostrará si debemos casarnos", respondió. "En primer lugar, mis padres no lo aprobarán. Ellos son cristianos, son los que Dios me ha dado, y creo que debo contar con su aprobación y su bendición". Se quedó muy pensativa. "David, cuando vuelvas a hablar, todo cambiará. Yo creo que algún día volverás a hablar".

David deseaba creer que volvería a hablar, pero no podía. Su confianza en Dios había sido frágil, y ahora se había quebrado. La imagen de un Dios de amor y un dios del destino iban y venían en su mente. Con frecuencia se olvidaba de contar sus bendiciones, pero no dejaba de contar sus desgracias. Llegó a convertirse en una persona difícil de amar.

Éstos fueron los años más largos de su terrible experiencia, pues su vida se veía limitada por su enfermedad. Además de su trabajo en la farmacia, parte de su energía la dedicaba a sus incontables intentos de recibir el dinero demandado a la mujer que lo atropelló con su auto. Continuó con todas sus apelaciones legales, hasta que finalmente fueron agotadas. Ya lo único que le faltaba era cobrar el dinero, pero no le fue pagado.

Pidió al tribunal que interviniera con el patrón de la mujer para que embargara su salario, pero cuando comenzó el embargo, fue despedida y tomó otro empleo secretamente. Al descubrirlo, David reanudó el proceso, y ella volvió a hacer lo mismo, evadiendo así su responsabilidad. David se sentía rechazado y no comprendía cómo Dios permitía que aquello sucediera. ¿Cómo podía presentarle un millón de nairas, para verlos tan cerca, y al mismo tiempo tan lejos de él?

La mujer declaró que la penalizaran, pero si David hacía que la policía la llevara a prisión, perdería toda esperanza de recibir su dinero. Estaba estancado y se sentía agotado de continuar con tan extenuantes procedimientos legales. Todos los esfuerzos que realizaba para hacer que el sistema funcionara se veían bloqueados por su impedimento. Encontró muy pocas personas que fueran pacientes ante su inhabilidad para hablar, y por último, el gobierno le emitió una licencia para pedir limosna. También ellos se habían dado por vencidos.

Entre tanto, Rita continuaba, como siempre, visitándole, trayéndole comida de vez en cuando y haciendo sus encargos; también continuaba alentándole espiritualmente. Oraba con él y le llevaba a las iglesias y campañas en Makurdi. Lo llevó con algunos consejeros cristianos, pero continuaba luchando con su fe y sus emociones, sufriendo altas y bajas.

Pasaron ocho largos años, y para entonces, todo el que conocía a David sabía que su afasia era una enfermedad real. También, para este tiempo, David sabía que Rita no era más que una enviada de Dios, y que él no era digno de ella. El ejemplo de su fe invariable junto a la fe tambaleante de él se hacía insoportable a veces, de modo que él encontraba un poco de alivio durante los tiempos en que se encontraban separados.

Yo desconocía la historia de Rita y David cuando nuestro equipo llegó al pueblo. En febrero del año 2003, *Cristo para todas las Naciones* sostuvo una campaña en Makurdi. Un amplio terreno fue preparado para nuestras luces y sistemas de audio, pues esperábamos multitudes de 200.000 personas.

Cuando Rita supo acerca de la campaña, llamó a David y le insistió en que fuera, diciéndole que en su vida cristiana ella nunca había presenciado un milagro, pero sí había oído decir que ocurrían muchos milagros en nuestras campañas. Nuestros carteles publicitarios prometían que yo iba a orar por los enfermos, como siempre hago. Ella no asistió a la reunión con David porque, por alguna razón, pensó que era algo que él debía hacer por sí solo. Secretamente, ella se mantuvo lo suficientemente cerca como para sentirse desesperada por su falta de progreso.

David también se sintió desesperado. Estaba llegando al final de su habilidad para mantener su promesa con Rita. Nuevamente lo invadían sentimientos suicidas. Tenía que ocurrir un cambio, pues no soportaba más su situación. Por última vez buscaría la sanidad de Dios, y ahora no depositaría su confianza en los médicos ni en la medicina, no buscaría ayuda en los tribunales o en el gobierno. Decidió orar y ayunar, pidiéndole a Dios que lo sanara en la campaña de Bonnke. Si fracasaba en su intento, buscaría la forma de liberar a Rita de su promesa.

En nuestra primera noche de reuniones en Makurdi, 180.000 personas llenaron el terreno, y miles de enfermos se acercaron a la plataforma. David se encontraba allí, pero sabía que la probabilidad de que Reinhard Bonnke orara por él era de cero. Al final del sermón, cuando oré de manera general por los enfermos, dio la vuelta y se marchó.

Pensó que debía aceptar su destino, que a Dios no le interesaba sanarlo, y que él nunca iba a ser lo suficientemente bueno como para merecerlo. Bonnke tenía fe para sanar, pero él no la tenía, y Dios no le permitiría acercarse a Bonnke para que pusiera sus manos sobre él. Llegó a casa y se sentó sobre su cama en medio de la oscuridad. El reloj sobre su mesa marcaba las 11:00 p.m.

Sintió que de su nariz fluía sangre tibia. Se levantó y tomó una toalla para detenerla, pero no lo logró. La sangre continuó fluyendo durante dos horas y ya había usado todos los paños para tratar de detenerla. Al comenzar la tercera hora sin dejar de fluir sangre, se dio cuenta de que estaba muriendo. Tal vez la hemorragia había sido provocada por los anticoagulantes.

Sintió que le quedaba una última oportunidad para comunicarse. No tenía teléfono, pues no podía usarlo. En un rincón de su habitación se encontraba una nueva carpeta que Rita había preparado para sus escritos. Encontró su libreta de notas y comenzó a escribir su última voluntad y su testamento, dejando sus pocas pertenencias a Rita. Expresó su amor hacia ella y su profunda gratitud por la amistad que le había ofrecido.

Ahora estaría libre de la promesa, escribió, y podría continuar su vida, encontrar un buen cristiano y casarse. Dios se ocuparía con toda seguridad de una persona tan fiel como ella. Escribió que él también estaría libre, y que se encontraba listo para terminar con su sufrimiento. Con lágrimas y sangre derramándose sobre el papel, se despidió, y escribió su nombre y la fecha: 3 de febrero de 2003.

Dejó la puerta de su habitación abierta para que pudieran encontrar su cuerpo en la mañana, y así, aquel joven que había luchado para que desapareciera su soledad, se acostó para esperar la muerte.

Transcurrió una hora más, y la sangre continuaba fluyendo sin parar. Resultaba extraño, pero David se sentía bien. ¿Por qué no se había debilitado después de haber perdido tanta cantidad de sangre? Se levantó y miró al reloj. Eran las 4:00 a.m. De su nariz continuaba saliendo un flujo constante de sangre.

Tomó su libreta de notas y salió. La ciudad estaba a oscuras, y encima de él, las estrellas cubrían el cielo nocturno, mirando hacia abajo con fría indiferencia. Si él nunca hubiera vivido, aquellas estrellas continuarían brillando. Si dejara de respirar, a ellas no les preocuparía. Se parecían al Dios que las había creado.

Mientras caminaba comenzó a sollozar, y sus hombros le temblaban silenciosamente. Nunca había sentido tanta soledad. Si en algún momento necesitaba su voz, era ahora, para gritar al cielo: "¡¿Por qué me has desamparado?! ¡¿Por qué?!" Se sentó en un banco del parque mientras la luz del amanecer comenzaba a resplandecer en el oriente. Seguía sin poder controlar su llanto y su hemorragia.

Cerca de las 5:00 a.m. alguien que se dirigía a su trabajo lo vio, y le preguntó alarmado: "¿Qué le ha sucedido, señor?"

David se dio cuenta de que su camisa estaba llena de sangre y su cara era un desastre. Aquella persona llamó a la policía. Señalando a su boca y negando con la cabeza, les hizo saber que no podía hablar, y escribió rápidamente en su libreta: "Es sólo una hemorragia, estoy bien".

"Entonces, ¿por qué lloras?"

David decidió contarle la verdad a aquel extraño, y escribió: "Parece que el Señor me ha abandonado. ¿Por qué lo hace? ¿No le interesa mi situación?"

"¿Cómo sabes que el Señor te ha abandonado?", preguntó el extraño.

De pronto, David se dio cuenta de que estaba sentado en aquel banco porque Dios lo había preservado, no porque lo hubiera abandonado. Se mantuvo sangrando sin parar durante seis horas y aún se sentía fuerte. Normalmente estaría inconsciente o muerto, pero podía pararse y caminar, pues conservaba su energía. Casi podía escuchar la voz de Rita diciéndole: "Dios te ama, David. Nunca te abandonará ni te desamparará". Aquellas palabras salidas de su boca encerraban un inmenso poder porque ella las decía con una seguridad que él nunca había escuchado. No tenía dónde esconderse del cuidado y la protección de Dios.

Se inclinó y escribió nuevamente: "No, estoy equivocado, Dios no me ha abandonado, sino que ha sido bueno conmigo. Creo que hará cosas aún mayores conmigo, por tanto, debo edificar mi fe".

Se dirigió hacia su casa y descubrió que la hemorragia había cesado. Se lavó y fue a trabajar. David anhelaba conversar con

Rita acerca de su extraña experiencia, pues ella era la mejor amiga que había tenido, pero recapacitó. Ya ella había tenido que padecer bastante por él, ahora llegaría hasta el final sin ella.

Le pidió a su jefe que llamara a su primo John, quien era cristiano. Se había mudado para Makurdi en años recientes, y conocía acerca de la condición de David. John fue a la farmacia y David le pidió que lo acompañara a la campaña esa noche. Le contó a John que la aglomeración de personas era tal, que necesitaba la ayuda de alguien para llegar al frente. Estaba decidido a llegar hasta donde estaba Bonnke para pedirle que pusiera sus manos sobre él y orara por su sanidad. John estuvo de acuerdo en ayudarlo.

David escribió su petición para que Bonnke la leyera en el momento de orar por él. Para verificar su historia, llevó consigo los documentos médicos y la licencia para pedir limosnas, emitida por el gobierno debido a su condición. Estaba seguro de que con toda esta información, Bonnke se compadecería y le pediría a Dios que hiciera algo por él.

Llegaron al terreno donde se desarrollaba la campaña a las 7:00 p.m. David llevaba su Biblia y su libreta de notas. Muchas de las personas habían permanecido allí esperando todo el día. Juntos, David y John emprendieron su camino hacia la plataforma, lo cual resultó en una batalla larga y difícil. Pero cuando comencé a predicar esa noche, ya habían llegado hasta las escaleras laterales de la plataforma. En la base de las escaleras se encontraba Jason Betler, un miembro de nuestro equipo.

David lo tocó por el costado para captar su atención. Escribió en su libreta y la puso frente a él: "No he podido hablar desde un accidente hace ocho años. Deseo una cita personal con Reinhard Bonnke para que ore por mí, y yo pueda hablar nuevamente".

Jason pudo advertir que David se sentía desesperado. Con dolor en su corazón, le dijo: "Lo siento, pero hay demasiadas personas aquí que desean ver a Reinhard. No podemos arreglar una cita personal, pero si te quedas, él va a orar por todos los enfermos al final de la reunión".

Aquella no era la respuesta que David esperaba. Escribió nuevamente dándole a conocer su deseo de que Bonnke orara por él personalmente. En su interior luchaba en contra del destino, y observaba a todas las personas en la multitud como si se hubieran resignado a sus propios destinos. En el momento de la oración masiva, Reinhard iba a orar por toda la audiencia, y Dios sanaría sólo aquellos a quienes Él escogiera. Pero David deseaba tener alguna ventaja, deseaba presentarse ante las puertas del cielo y pedir, e incluso exigir, que Dios lo sanara. Pensaba que si Reinhard, el hombre de fe, oraba por él, aquello podría ocurrir, y de esta manera se libraría del dominio que el destino ejercía sobre él. Pero al persistir tratando de convencer a Jason, éste continuaba denegando su petición.

David sintió que el inmenso dolor de toda una vida de soledad invadía su corazón. En el momento en que Jason rehusó escuchar su petición, David pensó que Dios le había negado el acceso a su poder sanador. Pero esa noche, pensó, algo tenía que cambiar en el curso de su vida, pues continuar enfocando sus pensamientos en su desdicha sólo había producido en él un mayor sufrimiento. Ya había sufrido bastante, así que era tiempo de tomar un nuevo camino. Decidió ir en contra de sus sentimientos y dar un paso de fe, creyendo que Dios aún se interesaba por su vida, aunque se sintiera rechazado.

Juntos, él y John caminaron unos treinta metros dentro de la multitud, donde Jason aún los veía. Jason recuerda que David llevaba una camisa roja, por lo cual era fácil distinguirlo.

Después de la oración de profesión de fe me dirigí a las personas enfermas, como acostumbro hacer, pidiéndoles que pusieran sus manos en la parte del cuerpo donde necesitaran sanidad, y comencé a orar.

Según lo describe Jason, vio a David poner su mano detrás de su cabeza e inmediatamente caer al suelo como un árbol recién cortado.

David experimentó lo que vio Jason, pero de una manera muy diferente. Su testimonio consiste en que al poner su mano detrás de su cabeza sintió el calor de una fuerte luz que resplandecía sobre él desde lo alto. Pensó que no era más que la luz que alumbraba el terreno de la campaña, pero algo le dijo que la observara. Cuando miró hacia arriba, la luz lo rodeó tan intensamente que lo atrajo dentro de ella. Miró hacia fuera del haz de luz a su primo John, quien obviamente, no la había visto, porque miraba hacia el escenario. David trataba de alcanzarlo y tomarlo por la manga de la camisa para que la viera, pero su mano no podía ir más allá de la luz. Tomó su libreta para escribirle a John una nota, pero sentía una debilidad tan grande en sus manos que no podía escribir ni una sola letra. De una manera muy extraña, se sentía ido de la realidad.

Observó las demás personas a su alrededor, y parecía que nadie más veía la luz. Era la única persona que había recibido aquella experiencia, pero no se sentía solo. Estaba a solas con Dios y se sentía emocionado con su amor. Una mano descendió a través del haz de luz y tocó la parte de atrás de su cabeza, quitando algo de ella. Inmediatamente se sintió librado de una pesada carga.

La luz comenzó a desaparecer, y se dio cuenta de que se encontraba acostado sobre el suelo, sin saber cómo había caído allí. Se sentía confundido, preguntándose si realmente había visto la luz o no había sido más que un sueño. Sentía como si estuviera aún dentro de un sueño. Al continuar recobrando sus sentidos, pensó que tal vez se había desmayado por la pérdida de sangre, la falta de sueño, el ayuno de los días anteriores, o por una combinación de todos estos factores.

John lo ayudó a levantarse. "¿Qué te sucedió?", le preguntó.

David no sabía qué responder, ni siquiera pensó en utilizar su libreta de notas. John continuó hablando, pero David no lograba concentrarse en sus palabras. Se sentía aún dominado por la experiencia de la luz y la mano quitándole algo de su cabeza.

En ese momento, Jason Betler informa haber visto a David tocarse nuevamente la parte de atrás de su cabeza y caer al suelo igual que la vez anterior.

Una vez más, David experimentó lo que pudo ver Jason, pero de una manera muy diferente. Dice que la luz regresó de pronto, esta vez, mucho más fuerte. Miró nuevamente a su primo John, pero éste no la veía. La mano regresó, tocando la parte de atrás de su cabeza. Una vez más quitó algo, y David se sintió más ligero. Sin embargo, esta vez sintió una sensación diferente, y sabía que había recibido algo de parte de Dios. La luz desapareció, y nuevamente se dio cuenta de que estaba tendido sobre el suelo.

John lo ayudó a levantarse. Se veía confundido, y hasta algo malhumorado. Las personas se aglomeraban a su alrededor, orando con sus manos en alto. "¿Quién te empujó, David?", preguntó.

David miró a John, y por primera vez en ocho años, una palabra alojada en su mente tuvo la fuerza necesaria para hacer que su boca respondiera. "Jesús", le dijo, con voz ronca.

John se quedó boquiabierto y mirándolo fijamente. "¿Dijiste algo?"

"Jesús", repitió David. Sintió como si resplandeciera. En su corazón no había otra palabra que el precioso nombre del Hijo de Dios. "Jesús".

John reaccionó: "David, te escuché".

"Jesús, Jesús, Jesús", repetía David. Comenzó a caminar repitiéndolo. No era más que un susurro áspero, pero era un milagro. Se detuvo y miró nuevamente a su primo, tomándolo por los hombros. "Gracias, John", le dijo.

John le dio un fuerte abrazo. "¡Dios ha sanado a mi primo!" Gritó a las personas que se encontraban a su alrededor. "¡Dios le ha sanado! ¡Puede hablar por primera vez en ocho años!"

Desde la plataforma, pedí que todos los que hubieran recibido sanidad se acercaran. Deseaba compartir con todos los que allí se encontraban lo que Dios había hecho aquella noche. John corrió con David nuevamente hacia donde se encontraba Jason Betler. Le dijo que David no había podido hablar en ocho años, desde su accidente, y que ahora hablaba.

"Jesús", repitió David, con lágrimas corriendo por sus mejillas. "Jesús".

Jason los condujo por las escaleras, hasta encontrarse conmigo en la plataforma. Una vez más, John explicó la historia de David.

Hablé a la multitud: "Este hombre, llamado David Attah, estuvo ocho años sin poder hablar". Hubo una agitación entre el auditorio. Yo no sabía que David era bien conocido entre las personas de Makurdi, y algunos lo estaban reconociendo. Coloqué el micrófono cerca de su boca. "Escuchemos a David hacer algo que no había podido en los últimos ocho años", dije. "Cuenta junto conmigo, David. Di: 'uno'".

"*Uno*", David pronunció con voz ronca.

"Dos".

Dos", repitió.

"Tres".

"*Tres*".

"Cuatro".

"*Cuatro*".

David se dejó caer de rodillas, llorando de gratitud. No tenía idea de cómo agradecer a Dios por su sanidad.

Unos meses después regresamos a otra ciudad en la zona costera de Nigeria para una campaña. David fue a vernos, irradiando alegría, pues hablaba con fluidez y su voz se había restablecido completamente. Lo invité a subir a la plataforma para que contara su historia, a lo cual accedió con gusto. Luego nos dijo que la fuerza de su voz continuó aumentando, aunque se convertía en un susurro cuando ésta llegaba al cansancio.

Meses más tarde regresamos a otra ciudad de Nigeria. David acudió nuevamente, y esta vez nadie pudo evitar que hablara. Su rostro reflejaba una nueva luz. Nos presentó a una bella mujer llamada Rita, y nos dijo que era su prometida. Al verla, pudimos comprender con facilidad el motivo de su gozo.

Le pedí a mi equipo que los llevaran a un lado y grabaran toda su historia. Fue entonces cuando supe que después de su sanidad, Rita llevó a David a ver a sus padres. La madre de Rita los recibió en la puerta. Ella lo conocía bien y no se sentía feliz al verlo.

"Hola, madre", le dijo, con una amplia sonrisa en su rostro.

Los ojos de la madre de Rita se ensancharon, y sus manos volaron hasta sus mejillas. "David, ¿tú podías hablar?"

"Jesús me sanó", le dijo. "¡Dios es bueno!"

Rita le preguntó a su aturdida madre si podía invitar a David para que entrara, a lo que ella accedió. Tantas emociones se escondían tras su mirada fija: sobresalto, ira, frustración, resentimiento, confusión, las cuales empeoraban por la sensación de culpa al sentirse de esa manera hacia David, alguien a quien Dios, definitivamente, amaba tanto.

Rita sabía cuál sería su próximo paso.

Tomó a David de la mano y lo llevó a su cuarto. Allí tenía un librero lleno con ocho años de conversaciones, las cuales, hasta el momento, habían sido para ella su tesoro. Comenzó a amontonar las libretas en sus brazos, y también en los de su madre. Cuando el librero quedó vacío, llevó a los demás hacia el patio trasero de la casa, donde había un recipiente para quemar. Tomó las libretas, una por una, y las echó en el recipiente. Luego derramó gasolina sobre ellas y lanzó un fósforo encendido.

Mientras los libros ardían en el fuego, un fluir de lágrimas se derramaban de su alma, y abrazando a David, le dijo: "Deseo escucharte hablar, David".

"Estoy hablando", le dijo.

"Pero nunca te detengas. No dejes de hablarme, David. Prométemelo".

"Te lo prometo", le dijo.

Hoy, el señor y la señora Attah asisten al Instituto Bíblico, como preparación para una vida en el ministerio. La sanidad de David ha sido ampliamente conocida entre los círculos médicos de Nigeria, así como en la mayoría de las iglesias de esa región africana. David y Rita viajan juntos y nunca pierden una oportunidad para decir a otros lo que Dios ha hecho por ellos.

Ésta no es sólo la historia de la sanidad de David y de la promesa de Rita, sino que es también la historia del amor de Dios, el cual nos capacita para testificar de su gracia salvadora, así como de su poder sanador. A Dios sea toda la gloria.

Me golpearon las palabras de Rita al decir que antes de la sanidad de David nunca había presenciado un milagro, lo cual no comparto, pues durante ocho años ella se convirtió en un espejo humano reflejando el amor de Dios, constituyendo también un milagro.

e⁄ɔ

No sólo somos agentes de la omnipotencia,

sino también de la omnisciencia.

No necesitamos saberlo todo,

pues es Dios quien lo sabe, por tanto,

confía en su conocimiento perfecto.

Si escuchamos su voz y le obedecemos,

Él se encargará de usarnos en su gran propósito

de saquear el infierno para poblar el cielo.

Capítulo 12

Desayuno a bordo del Bismarck

Le llamaré Nathan, pero también pudiera llamarle Natasha, o Johann o Kersten, pues es uno entre millones de hombres y mujeres que han respondido ante un llamado para aceptar al Señor. Cuando los números son tan grandes, los nombres pierden su significado, por lo cual, a veces pienso que debemos encontrar una manera de referirnos a una sola persona entre millones. Es por eso que hablo de Nathan.

Él deseaba conseguir un empleo como supervisor en su pueblo natal. Su padre, ya fallecido, era quien tenía ese puesto antes que él. Había idolatrado a su padre, y sabía que si llegaba a ser como él, podría casarse con el amor de su infancia. Deseaba tanto aquel empleo que cometió fraude en la prueba de calificación y fue descubierto, arruinando así su reputación. Además, perdió el empleo y se rompió el compromiso con el amor de su vida.

Nathan buscó nuevas formas de salir adelante luego de su fracaso, pero todos conocían lo sucedido, y nadie parecía estar dispuesto a ofrecerle una segunda oportunidad. Su vida se había atascado en el pantano de la iniquidad, y sólo podía culparse a sí mismo. Ésta no es más que la conocida historia del pecado.

Pero yo no tenía conocimiento alguno acerca de este suceso, por tanto, no podía ocuparme de lo que le ocurría a Nathan. Lo que me conmueve es que el Espíritu Santo no posee limitaciones como las mías, por lo que él conocía cada detalle del fracaso de Nathan, y se ocupó de él intachablemente, de la misma manera en que se preocupa por todos los "Nathans" de nuestro mundo. Nadie se queda fuera de su cuidado. Esto es algo que debemos creer con todo nuestro corazón si deseamos ser verdaderos evangelistas.

Al comenzar esta historia, había dejado atrás mis primeros años en Lesoto. Ya nadie pensaba en Reinhard Bonnke como misionero, sino como evangelista. Había formado el ministerio *Cristo para todas las Naciones* en Johannesburgo, una organización que sería la base para llevar a cabo la visión de África lavada en la sangre de Cristo. Pero mi espíritu se inquietaba.

Nos encontrábamos obteniendo poderosos resultados, viendo decenas de miles de personas aceptando a Cristo en las naciones del sur de África, donde los estadios se llenaban. Desplegamos una gran carpa con capacidad para 10.000 personas, y otros miles se reunían en los alrededores para escuchar el Evangelio. Sin embargo, aquellos sentimientos inquietantes persistían en mi interior. ¿Hacia dónde me querrían llevar?

Una noche, mientras dormía, comencé a soñar. En el sueño, yo llevaba un uniforme de capitán de la marina. Me encontraba en el puente de mando de un barco muy grande, sosteniendo el timón. Podía sentir las fuertes vibraciones provenientes de la sala de máquinas, a través del timón que mis manos sostenían. La cubierta se movía debajo de mis pies, mientras aquel gigante se desplazaba a través de la enorme masa de agua. El barco era una ciudad flotante, tan grande como el siniestro buque de guerra alemán "Bismarck", de la Segunda Guerra Mundial.

Sin embargo, me di cuenta de que el buque no se encontraba en alta mar, como yo esperaba. En mi sueño, me encontraba dirigiéndolo corriente arriba a través del ensortijado curso de un río africano en la noche. Al mirar hacia adelante en medio de la oscuridad, pude observar una curva, y el río se estrechaba cada vez más en la medida en que avanzábamos corriente arriba. Me di cuenta de que el gigantesco barco estaba sentenciado, pues nunca podría pasar por aquel recodo. Navegábamos en aguas peligrosas.

Miré para ver si podía regresar, y así evitar un desastre, pero no había espacio para que el barco retrocediera. También me di cuenta de que sería imposible continuar avanzando: era un gran dilema.

En mi sueño comencé a sudar. De pronto, todo estaba en juego. Mis manos temblaban sobre el timón mientras observaba el enorme barco acercarse cada vez más hacia un inminente desastre. En medio de la desesperación, corté la energía de los motores y se apagaron, pero había actuado demasiado tarde, pues el impulso del barco continuó llevándonos hacia adelante.

De pronto, escuché el terrible sonido del acero mientras, al rozar las rocas, se abrían agujeros en el exterior del barco. El enorme buque continuó estremeciéndose hasta que se detuvo abruptamente, quedando atrapado entre las estrechas riberas del río en medio de la noche africana. Permanecí inmóvil, absorto por el sonido de la corriente de agua y de los insectos en la oscuridad.

Al despertar, mis sábanas estaban bañadas de sudor. Nadie necesitaba decirme que aquel sueño venía de Dios. Pero ¿cuál era su significado?

"Señor", clamé, "¿qué significa?"

"El barco", me dijo el Señor, "no es más que un cuadro de tu organización, 'Cristo para todas las Naciones'".

"Señor, ¿nos quedaremos atascados?", le pregunté.

"No".

Sentí un gran alivio al escucharlo. Sin embargo, sabía que nos encontrábamos navegando en aguas peligrosas, y que debía escuchar cuidadosamente lo que el Señor me dijera, para así evitar un naufragio.

"Un gran buque de guerra necesita algo más que la energía para trasladarse", le escuché decir en mi espíritu. "Necesita maniobrabilidad".

"Sí, sí", estuve de acuerdo. Todavía recuerdo el momento terrible en el que me di cuenta de que no podía hacer volver el barco atrás para evitar quedarnos atascados. El inmenso buque, con sus potentes motores, había sido inmovilizado por dos simples riberas de un río.

"Tu organización es muy estrecha y pequeña", me dijo el Señor. "El buque de guerra está bien, pero voy a ensanchar el río para que puedas pasar. También voy a añadir compañeros de oración a *Cristo para todas las Naciones*. Cada uno de ellos lo ensanchará un centímetro".

Fue entonces cuando comprendí el significado de aquel sentimiento de inquietud en mi espíritu. Dios me había estado alertando de los problemas que yo desconocía. En su gran amor y sabiduría, había puesto en mis manos su plan para evitar el desastre. Ahora se habían concentrado todas mis energías, y actuando en obediencia, encontraría maneras de reunir nuevos compañeros de oración para ensanchar el río.

Al comenzar en esta nueva dirección, yo no sabía que la vida de Nathan había encallado de una forma muy diferente. Sus sueños de ser un supervisor y un respetado padre de familia se habían desvanecido. Sus esfuerzos para levantarse por encima de su propia vergüenza continuaron fracasando. Su familia y sus amistades lo habían abandonado, y sus razones para continuar viviendo habían desaparecido.

Yo no lo vi cuando tomó un cuchillo del estante de la cocina. Día tras día, pensaba en cómo le daría fin al dolor en su vida. Había leído un libro en el que se describía cómo algunos se cortaban las venas en las muñecas de las manos, y se habían dormido para siempre, lo cual sonaba a sus oídos como si fuera el cielo, para escapar de su vida arruinada.

No pude escuchar a Nathan cuando comenzó a sollozar, solo en su habitación, sosteniendo el cuchillo contra su muñeca. Mis oídos se llenaron con el sonido de una sala de máquinas de un enorme buque de guerra. Me escuchaba a mí mismo repetir estas palabras: "Toda África se salvará". Me emocioné al sentir cómo el barco se movía nuevamente por aquel río continental. Mi trabajo consistía en guiar el ministerio de *Cristo para todas las Naciones* para ver a África lavada en la sangre de Cristo. No escuché el lamento de Nathan, pero el Espíritu Santo sí lo hizo, y se ocupó de él en medio de su agonía de la misma manera en que se había ocupado de ensanchar nuestro río.

Alguien me dijo que asistiera a un desayuno patrocinado por otro evangelista, y asistí. Lo que vi, me abrió los ojos. Aquel hombre de Dios había preparado una comida especial en la cual presentó su visión y exhortó a sus invitados a convertirse en compañeros de oración. El Espíritu Santo me habló, diciéndome que debía hacer lo mismo.

El mejor hotel que venía a mi mente en Johannesburgo era el Carleton, pues deseaba lo mejor para mis invitados, y lo alquilamos para un desayuno. Envié invitaciones a los líderes cristianos más prominentes de todo el sur de África, pues deseaba reunirlos en una comida patrocinada por *Cristo para todas las Naciones*, donde Dios ensancharía nuestro río.

Mi corazón se henchía de gratitud ante la respuesta recibida. No había ni siquiera una silla vacía en ninguna de las mesas del gran salón. Miré los rostros de aquellos maravillosos líderes cristianos de todas las denominaciones y ministerios de la región. Algunos de mis antiguos opositores se encontraban allí, personas que se habían referido de manera negativa hacia mí, pero que ahora deseaban apoyar nuestro ministerio. Pude ver personas de negocios, políticos, pastores, amigos y ejecutivos de ministerios. Pensé que *Cristo para todas las Naciones* se había convertido realmente en un gran barco de evangelismo, si podía disfrutar del favor de este grupo de personas tan bendecido.

Fue servido el desayuno a los invitados, a lo cual siguió un tiempo de compartir los unos con los otros. Aún puedo escuchar el maravilloso murmullo de las conversaciones en el salón, unido al sonar de los vasos y de los cubiertos con los platos. Me llevó a saber que toda esta actividad iba dirigida a presentar una visión que nos permitiría contemplar quizás millones de almas salvadas a través de *Cristo para todas las Naciones* en los años siguientes.

Entonces llegó el momento de presentar dicha visión. Me paré y me dirigí hacia el podio. Nuevamente, sentí mi corazón rebosando. Agradecí a mis invitados por asistir, y les hice saber que era un honor saber que se habían ocupado en responder a nuestra invitación para aquel desayuno. Luego presenté el plan de Dios para incrementar nuestra maniobrabilidad. Había llegado el momento de pedirles que consideraran unirse a nosotros como compañeros de oración.

De pronto, el Espíritu susurró a mi corazón: *"Haz un llamado al altar"*.

Dejé de hablar desde el podio. Seguramente había escuchado mal, pues no me encontraba ante una congregación de pecadores, sino de líderes cristianos. Se sentirían insultados si les hacía un llamado al altar para la salvación de sus almas. O si alguien en aquel lugar que gozara de una gran reputación no había sido salvo aún, sería expuesto por su hipocresía al responder a esta reunión pública.

"Haz un llamado al altar".

Esta vez, escuché el mensaje bien claro. No había dudas al respecto.

"Mis amigos", les dije, "he escuchado de parte del Espíritu Santo que debo hacer un llamado al altar. En una congregación como ésta, debo admitir que no tenía planes de hacerlo, pero sencillamente voy a obedecer al Señor. ¿Podrían ustedes inclinar sus rostros en estos momentos?"

Hubo muchas gargantas aclarándose en el salón, también hubo personas tosiendo, y se podían escuchar las sillas sonar contra el piso mientras aquel grupo de creyentes lentamente inclinaban sus rostros. Ahora esperaban en silencio.

"Quisiera pedirles a todos que se examinaran honestamente en esta mañana. Si sus vidas terminaran hoy, ¿sabrían dónde pasarán la eternidad? ¿Están seguros? Si han recibido a Jesús como su Salvador, por supuesto que estar ausente del cuerpo significa estar presente con el Señor. Pero si no lo han aceptado, entonces han ignorado el regalo de la salvación que Dios ha provisto para ustedes. ¿Cómo podrías escapar si has rechazado tan grandioso regalo? Quisiera pedir a quienes desean recibir a Cristo como su Salvador en estos momentos que levanten sus manos".

En cada llamado al altar existe un momento de reconocimiento para la audiencia. Es cuando han inclinado sus rostros en oración y escuchan al pastor o al evangelista decir: "Sí, veo aquella mano que se levanta". Estas palabras significan que dentro del grupo alguien no era salvo, y esa persona lo ha reconocido al levantar su mano, haciendo pública su condición privada. Sería justo decir que entre estos líderes cristianos cada uno sentía una gran curiosidad de saber si alguien respondería al llamado. Sin duda, se sentirían asombrados si una mano se levantara, y sinceramente, yo también. Se podía escuchar una aguja caer en medio del salón cuando pedí que levantaran su mano.

"Sí, veo esa mano", dije. "Y otra, y otra, y otra más. Sí, sí, sí … Veo aquella mano". Y aún hubo más.

Se podía sentir como si hubiera una onda de electricidad en la atmósfera. Pero lo que ninguno de mis amigos cristianos sabía era que yo estaba recibiendo una gran revelación del amor y la gracia de Dios, que venía a mí de una manera que nunca antes la hubiera imaginado.

Cada miembro de aquella congregación, sin dudas, se preguntaba cómo puede ser que tantos maravillosos líderes cristianos no conocieran al Señor como su Salvador. Algunos, hasta comenzaron a dejar su posición de oración para ver quiénes habían levantado su mano.

"Éste es un momento solemne", dije. "Les pido que se mantengan en actitud de oración. El Espíritu Santo está hablando a muchos corazones aquí en esta mañana. No queremos perdernos lo que está haciendo".

Después de otro momento, dije: "Ahora quisiera pedir a todos los que levantaron su mano que pasaran al frente y se pararan aquí, frente a mí. No se demoren, si necesitan recibir a Cristo en esta mañana, vengan ahora".

Nunca lo olvidaré. Diecisiete personas pasaron al frente, algunos de ellos, corriendo. Rápidamente se agruparon en una fila, algunos llorando, otros estremeciéndose, pero todos movidos por el Espíritu Santo para aceptar a Jesús como su Salvador.

Después, dije a la congregación: "Ahora pueden levantar sus rostros y abrir sus ojos para ver lo que Dios ha hecho".

Los líderes cristianos levantaron sus rostros, recibiendo la misma revelación que había llegado hasta mí. Cada una de las diecisiete personas que habían pasado al frente llevaba puesto un uniforme del hotel Carleton, y eran aquellos que habíamos pasado por alto en nuestra búsqueda de compañeros de oración. Éstos eran los camareros, con quienes no habíamos contado en nuestras mentes mientras disfrutábamos del desayuno. Diecisiete camareros deseaban conocer a Jesús.

Miré a la congregación de amistades cristianas y dije: "¿No fue por esta razón que vinimos hoy hasta aquí? Todos debemos regresar a nuestros hogares con el más grande gozo. Al venir a este desayuno de *Cristo para todas las Naciones*, hemos hecho posible estos diecisiete encuentros divinos".

Aparecieron pañuelos por todo el salón. Un silencio santo descendió. Nada de lo que yo hubiera dicho o hecho hubiera ilustrado mejor la naturaleza de nuestro llamado a ser testigos y evangelistas de las Buenas Nuevas.

Un joven pastor fue totalmente transformado aquella mañana. Prometió que desde ese día en adelante no se iba a dirigir a ningún grupo, en ningún lugar, bajo ninguna circunstancia, en que no hiciera un llamado al altar. Tal fidelidad evangelística siempre rinde frutos. En su caso, su iglesia realmente creció hasta abarcar una congregación de 40.000 miembros en aquella ciudad.

Continué guiando a los diecisiete camareros en la oración de profesión de fe, luego los saludé, uno por uno, dándoles a conocer que ése no era el final de su relación con el Señor, sino sólo el comienzo.

Llegué al último camarero de la fila, un joven. Tomé su mano.

"¿Cuál es su nombre?", pregunté.

"Nathan".

"Nathan", le dije, "bienvenido a la familia de Dios".

Asintió, sonriéndome con lágrimas corriendo por sus mejillas. Tomó mi mano entre las suyas, y por un largo rato se mantuvo así, sin soltarme. Puedo decir que se sentía profundamente conmovido. No tuve tiempo de preguntar, pero sabía que una larga e importante historia se encontraba detrás de aquel momento decisivo en su vida.

Una historia como la de Nathan se puede encontrar detrás de cada una de las millones de decisiones por Cristo que nosotros registramos en cada llamado al altar. Les ofreceremos un tiempo más que suficiente para escucharlas todas, desde el comienzo, hasta el glorioso final.

ᘉᘔ

Notas

Otros libros y folletos
por Reinhard Bonnke

El bautismo del Espíritu Santo

La más grande de las certezas fluye de la experiencia personal con el poder de Dios. Este folleto ofrece al lector explicaciones claras extraídas de la Biblia. Además, prepara nuestra fe para que podamos recibir el bautismo del Espíritu Santo, respondiendo nuestras interrogantes más comunes, y nos reta a pedir y a recibir.

- Aproximadamente 28 páginas
- ISBN 3-935057-35-0

Cómo tener seguridad de la salvación

La primera crisis que enfrentan los nuevos convertidos, cristianos, es saber que son salvos; y a su vez constituye el vínculo decisivo entre la salvación y la disciplina. A través de ilustraciones gráficas extraídas de la Biblia, éste mensaje sienta las bases para el libro "Ahora que eres salvo", que se les entrega a los nuevos cristianos en las campañas de CfaN (Cristo para todas las Naciones).

- Aproximadamente 26 páginas
- ISBN 3-935057-53-9

Lo primero ... la intercesión

En este folleto Reinhard Bonnke asegura que el evangelismo sin intercesión es como un explosivo sin detonador. La oración y la intercesión echan fuera al enemigo, destruye sus fronteras y nos permiten recuperar el terreno perdido. Los cristianos tenemos un reino qué reclamar y qué ganar para Dios. En este libro se explica de manera detallada y concisa la labor que desempeña la intercesión, e insta a los cristianos a hacer uso de ella.

- Aproximadamente 28 páginas
- ISBN 3-935057-54-7

El secreto del poder de la sangre de Jesús

La sangre de Jesús es única. De la misma manera que fue creada por el espíritu, también tiene un poder espiritual. De joven, Reinhard Bonnke se prometió a sí mismo que dondequiera que fuere predicaría del poder de la sangre de Jesús. Este folleto contiene un poderoso mensaje del Evangelio y nos muestra como la sangre de Jesús tiene la unción para cambiar nuestras vidas.

- Aproximadamente 26 páginas
- ISBN 3-935057-55-5

Cómo recibir un milagro de Dios

Puede que nuestro mayor obstáculo para creer en los milagros se derive de nuestra propia incapacidad para comprender la dinámica de Dios. La dinámica de lo increíble, lo sorprendente, lo milagroso está en La Palabra de Dios, la fe y la obediencia. Cuando éstas tres están en su lugar, los milagros ocurren. Este folleto nos presenta una perspectiva reveladora de la naturaleza de Dios para hacer milagros, y nos acerca a ella.

- Aproximadamente 24 páginas
- ISBN 3-935057-56-3

El Señor, tu sanador

Dios se complace en sanar, de hecho aún en nuestros días lo sigue haciendo. En las campañas de CfaN (Cristo para todas las Naciones) vemos a miles de personas recibir sanidad y permanecer sanos. A pesar de ser fácil de comprender, este folleto ofrece al lector respuestas acertadas en cuanto a la sanidad, a la vez que desarrolla nuestra fe. Y nos muestra que no debemos buscar a nuestros líderes, o a Reinhard Bonnke para que nos sane, sino a Jesús, porque es el único que puede hacerlo.

- Aproximadamente 28 páginas
- ISBN 3-935057-52-0

El romance del amor redentor

Cuando Dios entregó a su hijo Jesús para que muriera por nosotros, le costó todo. El regalo de la redención es la máxima expresión del amor de Dios. La creación fue fácil, pero por nuestra redención, Dios se dio a sí mismo. Basado en la Escrituras, este folleto revela el plan redentor de Dios: único y perfecto.

- Aproximadamente 30 páginas
- ISBN 3-935057-58-X

Evangelismo con Fuego
Encendiendo la pasión por los perdidos

"¡Este libro no solamente es poderoso, sino que también es sustancioso! Volverá a encender los rincones de su alma y la volverá receptiva a lo que más le interesa a Dios – la salvación y liberación eterna de las almas. Las palabras de Bonnke lo harán arrodillarse ante el altar de Dios para ser bautizado una vez más con el fuego de Jesús".

Jack W. Hayford, D. Litt.

- 320 páginas
- Sección de 16 páginas de fotografías a colores
- ISBN 3-935057-21-0

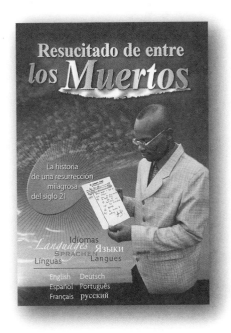

Resucitado de entre los muertos (DVD)

Esta es la increíble historia del Pastor Daniel Ekechukwu, quien resultó herido de muerte a causa de un terrible accidente automovilístico. Durante su dramático viaje al hospital, perdió toda señal vital y se le declaró muerto. Lo que sigue a continuación es una historia que usted nunca va a olvidar.

PRODUCTIONS
Evangelistic Resources

Para más detalles sobre los productos del ministerio de Reinhard Bonnke,
por favor consulte nuestra página web:

www-e-r-productions.com

Para más información sobre otros **productos en otros idiomas** como
en alemán, portugués, francés ... por favor contáctenos en nuestra oficina más cercana:

North America & Canadá	Europe	Asia & Australia
E-R Productions LLC	E-R Productions GmbH	E-R Productions Asia Pte Ltd.
P.O. Box 593647	Postfach 60 05 95	451 Joo Chiat Road
Orlando, Florida 32859	60335 Frankfurt am Main	#03-05 Breezeway in Katong
U.S.A.	Alemania	Singapore 427664

Latin America	Southern Africa
E-R Productions	E-R Productions RSA
Caixa Postal 10360	c/o Revival Tape and Book
Curitiba – PR	Centre
80730-970	P. O. Box 50015
Brasil	West Beach, 7449
	Sudáfrica

Para recibir más detalles
sobre el ministerio de CfaN,
escribe a:

CfaN CHRIST FOR ALL NATIONS

North America	Canadá	Asia
Christ for all Nations	Christ for all Nations	Christ for all Nations
P.O. Box 590588	P.O. Box 25057	Asia/Pacific
Orlando, Florida 32859-0588	London, Ontario	Singapore Post Centre Post
U.S.A.	N6C 6A8	Office
		P.O. Box 418
		Singapore 914014

Latin America	Continental Europe	
Christ for all Nations	Christus für alle Nationen	**Australia**
Caixa Postal 10360	Postfach 60 05 95	Christ for all Nations
Curibita – PR	60335 Frankfurt am Main	Locked Bag 50
80.730-970	Alemania	Burleigh Town
Brasil		Queensland 4220

United Kingdom

Christ for all Nations
250 Coombs Road
Halesowen
West Midlands, B62 8AA
R.U.

Southern Africa

Christ for all Nations
P O Box 50015
West Beach, 7449
Sudáfrica

Por favor consulte nuestra
página web:
www.cfan.org